法律文化论丛

Legal Culture Forum

第9辑

主办：沈阳师范大学
承办：沈阳师范大学法律文化研究中心
法律文化协同创新中心
协办：辽宁省法学会法治文化研究会

知识产权出版社
全国百佳图书出版单位

图书在版编目（CIP）数据

法律文化论丛．第9辑／沈阳师范大学主办．—北京：知识产权出版社，2018.7

ISBN 978-7-5130-5612-0

Ⅰ.①法… Ⅱ.①沈… Ⅲ.①法律—文化—文集 Ⅳ.①D909-53

中国版本图书馆CIP数据核字（2018）第120107号

责任编辑：齐梓伊　　责任校对：潘凤越

封面设计：乔智炜　　责任印制：刘译文

法律文化论丛（第9辑）

主办：沈阳师范大学

主编：霍存福

出版发行：知识产权出版社有限责任公司　　网　　址：http://www.ipph.cn

社　　址：北京市海淀区气象路50号院　　邮　　编：100081

责编电话：010-82000860转8176　　责编邮箱：qiziyi2004@qq.com

发行电话：010-82000860转8101/8102　　发行传真：010-82000893/82005070/82000270

印　　刷：北京嘉恒彩色印刷有限责任公司　　经　　销：各大网上书店、新华书店及相关专业书店

开　　本：787mm×1092mm　1/16　　印　　张：11

版　　次：2018年7月第1版　　印　　次：2018年7月第1次印刷

字　　数：185千字　　定　　价：38.00元

ISBN 978-7-5130-5612-0

目 录

·民法文化·

"契约""合同""协议"之辨

——中国一组民法词汇的古今演变考察*

霍存福　张田田**

摘　要：汉语中的"契约"与"合同"，在传统社会有其自身发展轨迹，又在近代与被引入的域外民法理念相连。民法意义上的"协议"一词则是近代法制变革的产物，此前虽有"协""议"二字连用，二字虽有协商讨论以达成一致之意，但并不用于"立契""立约"场景，清末民初"协议"逐渐被赋予政府间"条约""和约"与民事主体间协商立约之义，并在法律文本中聚沙成塔，见证了传统契约生活与移植域外法律的对接。中国当代立法中"合同""协议"用语均贯彻"合意"要素，又各有其惯用领域，有关身份关系的婚姻家庭继承领域的"协议"，更侧重家庭成员等的商议过程。

关键词：契约；协议；合同；民法

目　　次

*本文为国家社会科学基金规划一般项目"古代中国契约法观念与技术研究"（15BFX025）阶段性成果；国家社会科学基金规划重大项目"法治文化的传统资源及其创造性转化"（14ZDC023）阶段性成果。本文写作缘起是霍存福教授应邀参与学习院大学东洋文化研究所稻田龙树教授组织的项目，审定稿件并委派张田田博士赴日，于2015年11月27日进行主题为"「契約」·「協議」·「合同」の区别——中国古今法律用語文化の考察"的汇报，日译刊于"東アジア家族法における当事者間の合意を考える"，稲田龍樹編著：《東アジア家族法における当事者間の合意を考える》，学习院大学出版社2017年版，第5～32页。

**霍存福，沈阳师范大学特聘教授；张田田，沈阳师范大学法学院讲师。

三、当代区分“契约”“合同”“协议”的法律表现

（一）学理区分

（二）立法状况

一、传统社会的“契约”与“合同”

清代翟灏撰《通俗编》考镜“合同”与“契”之源流：

> 《周礼·天官·小宰》：“听称责以傅别，听买卖以质剂。”注云：“傅别，谓为大手书于一札，中字别之。质剂，谓两书一札，同而别之。”又《秋官·朝士》：“凡有责者，有判书以治。”疏云：“半分而合者，即质剂、傅别，分支合同，两家各得其一者也。”按：今人产业买卖，多于契背上作一手大字，而于字中央破之，谓之合同文契。商贾交易，则直言合同而不言契。其制度称谓，由来俱甚古矣。①

《周礼》所载“傅别”“质剂”“判书”等，均有“契约”之意，清人孙诒让为《周礼·天官·小宰》“正义”，辨析过几种契约形式：“盖质剂、傅别、书契，同为券书。特质剂，手书一札，前后文同而中别之，使各执其半札。傅别，则为手书大字，中字而别其札，使各执其半字。书契，则书两札，使各执其一札。傅别札字半别；质剂，则唯札半别，而字全具，不半别；书契，则书两札，札亦不半别也。”②

从目的上讲，依《荀子·君道》所言，“合符节，别契券者，所以为信也”，立契的实质乃是立信。汉代契券所具有的“一分为二”属性，便于立契双方各持一份（或一半），在产生争议时可以“合券为证”。③ “目的无非是纠纷发生时可将两份契书合在一起证验

①（清）翟灏：《通俗编》卷二十三“货财”，颜春峰点校，中华书局2013年版，第326页。

②（清）孙诒让：《周礼正义》，王文锦、陈玉霞点校，中华书局2013年版，第77页。

③券，契也。券别之书，以刀判契其旁，故曰契券。（汉）许慎撰、（宋）徐铉校定：《说文解字》卷四下，中华书局1963年影印版，第92页。以下版本同。又如（汉）刘熙撰《释名》：券，绻也，相约束缱绻以为限也；莂，别也，大书中央，中破别之也；契，刻也，刻识其数也；约，约束之也。清人疏证：“叶德炯曰：宋人古文苑载王褒买奴券，御览载石崇奴券，均详载役使事，即此所云约束为限也。”“毕沅曰：《御览》引云券，绻也，相约束缱绻以为限也。大书中央，中破别之。是以此条合于上条，并为一矣……孙诒让曰：莂即别之变体，从艹无义，考广韵十七薛，有莂字，注：一云分契。盖符契古多用竹，莂亦本从竹……叶德炯曰：晋太康五年，杨绍买冢地莂云：大男杨绍从土公买冢地一丘，东极阚泽，西极黄滕，南极山背，北极于湖，直钱四百万，即日交毕，日月为证，四时为任，太康五年九月二十九日。对共破莂，民有私约如律令，此古莂文之仅存者。其石刻在浙江山阴。”“毕沅曰：《说文》大部云：契，大约也，从大㓞声。㓞部云：栔，刻也，从㓞，从木。据《说文》则此当云：契，栔也。栔，刻也。”（汉）刘熙撰，（清）毕沅疏证，（清）王先谦补：《释名疏证补》卷六“释书契”，祝敏彻、孙玉文点校，中华书局2008年版，第205～206页。

契约内容的真实性。只有'合'且'同'的两份契书,契约的内容才真实可信。换言之,汉代契书形制就是'合同'观念的体现。"[①]魏晋以后的契约则有所不同:"纸契普及,引起了契约形制的相应变化。傅别和质剂之制渐废,书契之制发展而为'合同'形式。即在'书两札'之后,再并和两札,于并和处骑写一个大'同'字,后来发展为骑写'合同'二字,或骑写一句较长的吉祥语;在买卖、赠送、赔偿等死契关系中,由于是片面义务制,所以行用单契,由承担义务的一方出具,归享有权利的一方收执。"[②]即在契纸上书"合同"等字,分为两契时各得字句之半;"合同"字样是验证契约的凭信。又如宋元的"合同契"[③]"合同文契"[④]意为文书是一式两份,由立契双方各自收执,避免单方篡改昏赖。

从效用上讲,据《说文解字》,"契,大约也"[⑤]"约,缠束也",[⑥]"契"与"约"[⑦]均为约束之意,律典所规定的"契""约"形态,以《唐律疏议》中的"契""约"用例为典型。详见表1、2。唐律中有7条言及婚约、婚书,如"私约"的内容特指"先知夫身老、幼、疾、残、养、庶"等(意味着其家庭默认定婚夫的年龄或老或小而与女方之间的差距、身体有残废疾状而非健康人、养子及庶子等低微身份而非亲生以及嫡子);5条涉及"木契",其虽与"鱼符"材质不同,但均可用作发兵信物;4条关乎买卖与借贷契约,如"负债违契"或"违约",又如买卖所立之"私契"等;1条解释"官私文书"时,将"私文契"归为"私文书"。

唐律在描述婚约的性质时,既关注"有约在先"不可反悔的因素,亦重视其中"两情和同"而非受欺瞒或被强迫的前提。唐律中虽未见"契""约"意义上的"合同"表述,但存在描述双方自愿、意见一致的用语,如"和"与"协"。[⑧] 与"强"相对的"和"字被大量

---

①俞江:"'契约'与'合同'之辨——以清代契约文书为出发点",载《中国社会科学》2003年第6期。

②张传玺:《中国历代契约会编考释》,北京大学出版社1995年版,第27页。又见张传玺:"中国古代契约形式的源和流",见《文史》(第16辑),中华书局1982年版。

③南宋法律规定:典田宅者,皆为合同契,钱、业主各取其一。见《名公书判清明集》卷五"户婚门·争业下·典卖园屋既无契据难以取赎",卷九"户婚门·过二十年业主死者不得受理"。

④元"大德十年五月,中书省。御史台呈:河南道廉访司申:近年告争典质田产,买嘱牙见人等,通同将元典文据改作买契,昏赖。亲邻、牙见证说争差,致使词讼壅滞。礼部议得:典质地产,即系活业。若一面收执文约,或年深迷失,改作卖契,或昏昧条段间座,多致争讼。以此参详,今后质典交易,除依例给据外,须要写立合同文契贰纸,各各画字,赴务投税。典主收执正契,业主收执合同,虽年深,凭契收赎,庶革侥幸争讼之弊。都省准呈"。方龄贵校注:《通制条格校注》卷第十六"田令·典卖田产事例",中华书局2011年版,第345页。

⑤《说文解字》卷十下,第213页。

⑥《说文解字》卷一三上,第272页。

⑦寺田浩明教授在"明清时期法秩序中'约'的性质"(载[日]滋贺秀三等:《明清时期的民事审判与民间契约》,王亚新译,法律出版社1998年版,第139页)一文中,将"约"的理念分为三类,即"首唱"和"唱和"的结构、"命令型的约束"和"建立在相互合意上的约",与"契"相通的是第三种。

⑧《说文解字》卷一三下,"协,众之和同也""十,众也","叶"古文协从曰十,或从口。

应用在刑事法术语、民事法术语及契约当中，①买卖、借贷、租赁、雇佣、典当契约中多见“两和立契”等套语，民事法律令中常用“两情和同”“两情具惬”“两和市买”等用语。从中可见，“和”反映契约当事人不被强迫、不受强制地达成合意的内在本质，而“同”是外在形式；在法理上，若存在形式上的“同”，但缺乏“和”则违背契约本质，不被法律认可。② 另据学者考证，唐宋之后，历朝对违反“和同”意志行为的规制并未放松。③

表1　唐律所见“契”“约”类型④

类别	规定内容	条文序号（篇目）
婚约	【疏】议曰：……答曰……其有克吉日及定婚夫等，唯不得**违约**改嫁，自余相犯，并同凡人。	第6条（名例）
	诸许嫁女，已报婚书、及有**私约**，（**约**，谓先知夫身老、幼、疾、残、养、庶之类。）而辄悔者，杖六十。【疏】议曰：……皆谓宿相谙委，两情具惬，私有**契约**，或报婚书，如此之流，不得辄悔，悔者杖六十，婚仍**如约**。……	第175条（户婚）
	诸为婚而女家妄冒者，徒一年。男家妄冒，加一等。未成者，依**本约**。已成者，离之。【疏】议曰：为婚之法，必有行媒，男女嫡庶、长幼，当时理有**契约**，女家**违约**妄冒者，徒一年。男家妄冒者，加一等。“未成者，依**本约**”，谓依初许婚**契约**。已成者，离之。**违约**之中，理有多种，或以尊卑、或以大小之类，皆是。	第176条（户婚）
	诸以妻为妾，以婢为妻者，徒二年。以妾及客女为妻，以婢为妾者，徒一年半。各还正之。【疏】议曰：……若以妻为妾，以婢为妻，违别**议约**，便亏夫妇之正道，黩人伦之彝则，颠倒冠履，紊乱礼经，犯此之人，即合二年徒罪。	第178条（户婚）
	诸同姓为婚者，各徒二年……【疏】议曰：……答曰：“买妾不知其姓，则卜之。”……户令云：“娶妾仍立**婚契**。”即验妻、妾，俱名为婚。依准礼、令，得罪无别。	第182条（户婚）
	诸违律为婚……即应为婚，虽已纳娉，**期要**未至而强娶、及**期要**至而女家故违者，各杖一百。【疏】议曰：“即应为婚”，谓依律合为婚者。虽已纳娉财，**元契**吉日未至，而男家强娶……各杖一百得罪，依律不合从离。	第193条（户婚）
	诸缘坐非同居者……若女许嫁已定，归其夫。出养、入道及娉妻未成者，不追坐。……【疏】议曰：“女许嫁已定”，谓有许婚之书及**私约**，或已纳娉财，虽未成，皆归其夫。	第249条（贼盗）

①详见霍存福、刘晓林：“契约本性与古代中国的契约自由、平等——中国古代契约语言与社会史的考察”，载《甘肃社会科学》2010年第2期。

②霍存福、刘晓林：“契约本性与古代中国的契约自由、平等——中国古代契约语言与社会史的考察”，载《甘肃社会科学》2010年第2期。

③吕丽、潘宇、张姗姗：《中国传统法律制度与文化传统》，华中科技大学出版社2013年版，第136页。

④“禁约”及表示“大约”之“约”，不录。正文中粗体为列表者添加。下表同。

续表

类别	规定内容	条文序号（篇目）
发兵符契	诸驿使稽程者,一日杖八十,二日加一等,罪止徒二年。【疏】议曰:依令:“给驿者,给铜龙传符;无传符处,为**纸券**。”量事缓急,注驿数于符契上,据此驿数以为行程,稽此程者,一日杖八十,二日加一等,罪止徒二年。	第123条（职制）
	诸用符节,事讫应输纳而稽留者,一日笞五十,二日加一等,十日徒一年。【疏】议曰:……其禁苑门符、及交巡鱼符、若**木契**等,于余条得减罪二等,输纳稽迟者,准例亦减二等。若**木契**应发兵者,同上符节之罪。	第131条（职制）
	诸应给发兵符而不给,应下发兵符而不下,若下符违式,及不以符合从事,或符不合不速以闻,各徒二年;其违限不即还符者,徒一年。余符,各减二等。(凡言余符者,**契**亦同。即**契**应发兵者,同发兵符法。)【疏】议曰:……注云“凡言余符者,**契**亦同。即**契**应发兵者,同发兵符法”,依令:“车驾巡幸,皇太子监国,有兵马受处分者,为**木契**。若王公以下,在京留守,及诸州有兵马受处分,并行军所及领兵五百人以上、马五百匹以上征讨,亦给**木契**。”既用**木契**发兵,即同发兵符法。监门式:“皇城内诸街铺,各给**木契**。京城诸街铺,各给木鱼。”金部、司农,准式亦并给**木契**。但是在式诸契,并同“余符”。	第226条（擅兴）
	诸盗宫殿门符、发兵符、传符者,流二千里;使节及皇城、京城门符,徒三年;余符,徒一年。……【疏】议曰:……余符谓禁苑及交巡等符。案擅兴律:“凡言余符者,**契**亦同。即**契**应发兵者,同发兵符法。”然则盗**发兵契**,各同鱼符之罪。	第274条（贼盗）
	诸伪写宫殿门符、发兵符、发兵传符者,绞。使节及皇城、京城门符者,流二千里。余符,徒二年。(余符,谓禁苑门及交巡鱼符之类。)【疏】议曰:……据擅兴律:“凡言余符者,**契**亦同。即**契**应发兵者,同发兵符法。”此条云“之类”者即是,诸**契**非发兵伪造者,并同“余符”之罪,各合徒二年。	第364条（诈伪）
	诸弃毁、亡失及误毁官私器物者,各备偿。……其非可偿者,坐而不备。(谓符、印、门钥、官文书之类。)【疏】议曰:……故注云“谓符、印、门钥、官文书”,称“之类”者,宝、节、**木契**、制敕并是。	第445条（杂律）
买卖及借贷	诸贷所监临财物者,坐赃论……即断**契**有数,违负不还,过五十日者,以受所监临财物论……【疏】议曰:官人于所部市易,断**契**有数,仍有欠物,违负不还,五十日以下,依杂律科“负债**违契**不偿”之罪;满五十一日,以受所监临财物论。	第142条（职制）
	诸负债**违契**不偿,一匹以上,违二十日笞二十,二十日加一等,罪止杖六十;三十匹,加二等;百匹,又加三等。各令备偿。 【疏】议曰:负债者,谓非出举之物,依令合理者,或欠负公私财物,乃**违约**乖期不偿者,一匹以上,违二十日笞二十,二十日加一等,罪止杖六十。……	第398条（杂律）
	诸负债不告官司,而强牵财物,过**本契**者,坐赃论。	第399条（杂律）
	诸买奴婢、马牛驼骡驴,已过价,不立**市券**,过三日笞三十;卖者,减一等。**立券**之后,有旧病者三日内听悔,无病欺者市如法,违者笞四十。【疏】……令无**私契**之文,不准**私券**之限。	第422条（杂律）

续表

类别	规定内容	条文序号（篇目）
私文书	诸诈为官私文书及增减，欺妄以求财赏及避没入、备偿者，准盗论；赃轻者，从诈为官文书法。【疏】议曰：……注云“若私文书，止从所欺妄为坐”，谓诈为**私文契**及受领券、付抄帖，以求避罪，或改年月日限之类，止从所欺妄求物之罪，不同官文书之坐。	第374条（诈伪）

表2　唐律所见“和同”类型①

类别	规定内容	条文序号（篇目）
违法	诸略、和诱人，若和同相卖；【疏】议曰：不和为“略”，前已解讫。和诱者，谓彼此**和同**，共相诱引，或使为良，或使为贱，限外蔽匿，俱入此条，轻重之制，自从本法。若**和同**相卖者，**谓两相和同**，共知违法。	第35条（名例）
	诸谋叛者，绞。已上道者皆斩，（谓**协同**谋计乃坐，被驱率者非。余条被驱率者，准此。）【疏】议曰……注云“谓**协同**谋计乃坐”，**协者和也**，谓本情**和同**，共作谋计，此等各依谋叛之法。	第251条（贼盗）
	诸略人、略卖人（不**和**为略。十岁以下，虽和，亦同略法。）为奴婢者，绞……【疏】议曰：略人者，谓设方略而取之。略卖人者，或为经略而卖之。注云“不和为略。十岁以下，虽和，亦同略法”，为奴婢者，不共**和同**，即是被略；十岁以下，未有所知，易为诳诱，虽共**安和**，亦同略法。…… 和诱者，各减一等。若**和同**相卖为奴婢者，皆流二千里；卖未售者，减一等。即略、和诱及**和同**相卖他人部曲者，各减良人一等。	第292条（贼盗）
	诸略奴婢者，以强盗论；和诱者，以窃盗论。……【疏】议曰：“略奴婢者”，亦谓不和，经略而取，计赃以强盗论。“和诱者”，谓两共**和同**，以窃盗论。	第293条（贼盗）
	诸略卖期亲以下卑幼为奴婢者，并同斗殴杀法；即**和卖**者，各减一等。其卖余亲者，各从凡人**和略**法。	第294条（贼盗）
	诸知略、**和诱**、**和同相卖**及略、**和诱**部曲奴婢而买之者，各减卖者罪一等。【疏】议曰：谓知略、和诱、**和同**相卖等情，而故买之者，“各减卖者罪一等”，谓各依其色，准前条减卖人罪一等。假有人知略卖良人为奴婢而买之者，从绞上减一等，合流三千里之类。	第295条（贼盗）
	诸诈教诱人使犯法，**及和令人犯法**，即捕若告，或令人捕、告，欲求购赏；及有憎嫌，欲令人罪：皆与犯法者同坐。……【疏】议曰：……“**及和令人犯法**”，谓**和**教人奴婢逃走，或将禁物度关，外示**和同**，内为私计，故注云“谓共知所犯有罪”。	第378条（诈伪）

①唐律中并无表示“契约”“协议”的“合同”用法。唐律强调契约当事人意志“和同”这一原则涉及多个契约类型，但凡存在“合意”的场合，往往强调这一点，《律》多从制裁的反面作规定。《令》文则多从引导的正面作规定，如唐宋《杂令》：“诸出举，两情和同，私契取利过正条者，任人纠告，利物并入纠人。”[日]仁井田陞：《唐令拾遗》，栗劲等编译，长春出版社1989年版，第789～791页。

续表

类别	规定内容	条文序号（篇目）
违法	诸**和奸**，本条无妇女罪名者，与男子同。强者，妇女不坐。其媒合奸通，减奸者罪一等。【疏】议曰："和奸"，谓彼此**和同**者。……	第415条（杂律）
其他	诸戏杀伤人者，减斗杀伤二等；（谓以力共戏，至死**和同**者。）……其**不和同**及于期亲尊长、外祖父母、夫、夫之祖父母虽和，并不得为戏，各从斗杀伤法。	第338条（斗讼）
	诸卖买**不和**，而较固取者；及更出开闭，共限一价；【疏】议曰：卖物及买物人，**两不和同**，"而较固取者"，谓强执其市，不许外人买，故注云"较，谓专略其利。"……	第421条（杂律）

对传统中国契约形式的追寻，一定程度上，隐含论者探寻"固有民法"和"契约精神"[①]的情结，[②]而通过对交易习惯因地、因时的具体观察，"契""券""契约"[③]的外延大于"合同"，内涵亦各有侧重。第一，"合同"是交易双方各执一份，有别于"单契"。例如，在"典田宅"的场合，宋、元的做法是写立"合同"两份。第二，清代以后的"合同"以分家、共有财产管理、纠纷调解、合伙等为主要内容。此外，只要通过共同协商能够解决问题同时又需要文书来确立的关系，也可采用"合同"，其共同特点是当事人都具有较为对等的地位，在他们之间及所商议的事项上都不会有较大的信用"落差"。实则"契""约"二字连用，其中固然包括不平等的"单契"关系，不必然引申出"同意"或"平等"之义，但已最大限度地为当事人的地位和意思的充分表示留出了空间。[④]

概言之，中国传统契约，"一式两份"的合同契是其表现形态之一，立契的"和同"则是基本点。从字形、字义上叩问，其源头是本土的经济社会生活；契之物质载体有变化，但立契为证、一分为二等"立信""民有私约如律令"意味不绝：

①霍存福："中国古代契约精神的内涵及其现代价值——敬畏契约、尊重契约与对契约的制度性安排之理解"，载《吉林大学社会科学学报》2008年第5期。

②宣统三年（1911年）九月初五日，修订法律大臣俞廉三等《民律前三编草案告成奏折》："为编辑《民律》前三编草案告成，谨缮成册，恭呈预览，仰祈圣鉴事。……吾国民法，虽古无专书，然其概要备详。《周礼·地官·司市》'以质剂结信而止讼'，郑注：'质剂谓两书一札而别之，言保物要还。'又，媒氏'掌万民之判，凡娶判妻入子者皆书之'，是为婚姻契约之始。又，《秋官·司约》之治民、治地、治功、治挚诸约，郑注谓：'治者理其相抵，冒上下之差'，大率不外祖挚、经界、功事、往来等项，实即登记之权舆。其他散隶六典者，尚难缕举，特不尽属法司为异耳。汉兴，去古未远，九章旧第，户居第一。……贞观准开皇之旧，凡户婚钱债田土等事，摭取入律，宋以后因之，至今未替。此为中国固有民法之明证……。"参见怀效锋主编：《清末法制变革史料》下卷《刑法、民商法编》，中国政法大学出版社2010年版，第505页。

③如北凉、高昌、唐时期有"卖婢券""买舍券""赁舍券""举钱券""举钱契""卖田契""赁舍契"等。张传玺：《中国历代契约会编考释》，北京大学出版社1995年版，第340～347页。

④俞江："'契约'与'合同'之辨——以清代契约文书为出发点"，载《中国社会科学》2003年第6期。

契者,结也。上古纯质,结绳执契;今羌胡征数,负贩记缗,其遗风欤!

券者,束也。明白约束,以备情伪,字形半分,故周称判书。古有铁券,以坚信誓,王褒髯奴,则券之楷也。①

二、晚清以降的"契约"及"协议"

古代"契约"还是"合同",其"概念内涵与今天同样文字概念所包含的内涵存在着差异,其根源在于西学东渐所影响和塑造的整个今天的法律权利与义务关系,和传统社会下的法律权利与义务关系的结构存在差异,当然其中也包括法律概念体系的差异"。②

例如,居于中华法系法典之末的《大清律例》中,"契"用于表达文契、印契及红契、白契等意义,也规定了针对"违契不偿"的官府介入乃至刑事制裁。清律之"约",则有约束、禁约、约会词讼、期约未至、私约等用例。虽"契""约"在立契、立约及违契、违约等方面可视为同义,但"契约"连用较为少见,这与《大清民律草案》等清末立法中的情形迥异。

西学传入,中西语言文化如何对接,先要在辞典与译著中做一番尝试。"清朝中叶,传教士纷纷来华,带来西方新知识。马礼逊(Robert Morrison)于1819年出版的《华英字典》(A Dictionary of the Chinese Language),将'合同'和'契约'分别译作'instrument'和'written agreement'而非'contract',显示三者并非对等概念。"③学者指出,"英语对汉语契约概念的解释基本上保持了汉语契约概念的原貌。不过,当利用汉语来理解英语中的契约概念时却碰到了不小的麻烦",原因是因为英语表达"契约"的习惯用法远多于汉语,且每个词汇所表达的契约种类或外延都有细致的区分,仅以汉语中的"契""约""合同"等词汇对译,殊为不易;而当借鉴域外民法典而纂修民律时,更是要求契约概念的内在统一,由此,"契约"成为中国近现代法制变革中移植西方民法的关键词。④

①(梁)刘勰:《增订文心雕龙校注》卷五书记,黄叔琳注,李详补注,杨明照校注拾遗,中华书局2012年版,第343页。

②王旭:"中国传统契约文书的概念考察",载《上海政法学院学报(法治论丛)》2006年第4期。又,俞江教授指出,英美法中表达"契约"或"契据"的概念是多种多样的,这些概念构成了一个丰富的契约世界。反观现代汉语反复使用的就是"合同""协议",勉强加上"契约""字据"和"契券"等。从语言学的角度来说,概念是分析事物的基本工具,某一范畴内的概念越丰富,说明对该范畴的认识越细致。用汉语中的契约概念理解英美法的契约世界远远不够。参见俞江:"'契约'与'合同'之辨——以清代契约文书为出发点",载《中国社会科学》2003年第6期。

③马礼逊编:《华英字典》,大象出版社2008年版。转引自陈可欣:《两岸三地合约法主要词汇》,香港城市大学出版社2014年版,第4页。

④"契约"一词普遍地运用,先是出现在日本的现代法学书籍和法典里,中国自1900年开始大规模移植大陆法时,主要以日本已成型的法学概念为工具。"契约"一词也就直接成为中国法学家理解西方民法的重要词汇。参见俞江:"'契约'与'合同'之辨——以清代契约文书为出发点",载《中国社会科学》2003年第6期。

《大清民律草案》借鉴日本民法典，[①]顺带也舶来西方契约理论，[②]其中每每言及"契约"。[③]《大清民律草案》中"契约"字样出现约720处，而用"协议"之处屈指可数。

西法东渐之前的"协议"，包括"妥协议奏"等，乃是"和衷共济"之"协"与"会同讨论"之"议"的结合，含有配合、同心、协调与止争之意。立法领域与"契约"相关的"协议"用语，在《大清民律草案》中始见，如表3。此前，史籍中亦存在"协议"表述，但不在"契""约"层面上使用。而19世纪末20世纪初"协议"的语境，更多具有了立约立契的指向，即国与国之间的谈判与订立国际条约，以及民事关系中民事主体针对某类事项追求达成一致。如"协议离婚"等观念，在民国时即已产生。[④]

---

①前揭俞廉三等《民律前三编草案告成奏折》："（臣）馆曾经延聘法律学堂教习日本大审院判事法学士松冈义正及本馆商律调查员日本法学博士志田钾太郎协同调查，并遴派馆员分赴各省采访民俗习惯，前后奏明在案。（臣）等督访馆员，依据调查之资料，参照各国之成例，并斟酌各省报告之表册，详慎从事。"怀效锋主编：《清末法制变革史料》下卷《刑法、民商法编》，中国政法大学出版社2010年版，第505页。据学者考证，光绪二十八年（1902年）以来，清政府专注于修改旧律及编纂新刑律草案、民刑诉讼律草案。光绪三十三年（1907年）10月，民政部奏请厘定民律草案，清廷命沈家本主持编纂民律草案。草案的总则、债权、物权三编，聘请日本法学家松冈义正为起草员；亲属、继承两编，于修订法律馆内设民事科，选拔四位具有留学背景的中国官员负责起草。参见张生："清末民事习惯调查与'大清民律草案'的编纂"，载《法学研究》2007年第1期。

②日本移植西方法以法国法和德国法为主，在民法方面，所移植的主要是继承了拉丁文中的"契约"（Contractus）概念的大陆成文法系国家民法典，即《法国民法典》和《德国民法典》。

③如第513条"依法律行为而债务关系发生或其内容变更消灭者，若法律无特别规定，须依利害关系人之契约"，论者认为与德国民法所确定之"原则合约"相似。陈自强：《契约之成立与生效》，元照出版有限公司2012年版，第151页。转引自陈可欣：《两岸三地合约法主要词汇》，香港城市大学出版社2014年版，第4页。

④如《申报周刊》第1卷第25期（1936年6月28日）载，狄谟称"夫妇间必须协议离婚，违背对方意旨的单方面的离婚是不能成立的"。又如前南京国民政府司法行政部编《民事习惯调查报告录》（中国政法大学出版社2005年修订版，第661页）所录山东省关于亲属继承习惯之报告，临沂县习惯之"翁父为子女协议离婚"："乡民于婚娶之后，往往有贫不聊生者，即远赴关东以谋生活，置其妻室于不顾，其常寄家信者，妻室尚能株守。若历久不归，又不寄信，是已存亡莫卜，经女之父母与其翁姑协商，具呈到县请示批准后，即令其女改醮。通常亦谓之离婚。"立法者按：此条与《现行律》中"夫逃亡三年不还，听经官给执照，别行改嫁"之例，隐相符合。今按，此《现行律》规定即《大清律例·户律·婚姻》"出妻"条下之例："期约已至五年，无过不娶，及夫逃亡三年不还者，并听经官告给执照，别行改嫁，亦不追财礼"，本为明令，雍正三年在"'五年'字上……增'期约已至'一句"。参见《大清律例根原》，上海辞书出版社2012年版，第477页。其中"听"字，一定程度上体现传统中国律典中为数不多的"法所不禁"的自愿、自由、自主的意味，当然同条律正文中仍有罚则："其因夫逃亡三年之内不告官司而逃去者杖八十。"参见张田田："《唐律疏议》'听'字用例分析"，载《新路集：第三届张晋藩法律史学基金会征文大赛获奖作品集》，中国政法大学出版社2014年版。就婚姻制度而言，从流行于一地一时的礼俗、婚俗等习惯层面考量，则清末民初《民事习惯调查报告录》所载约定俗称之生活准则，仍不能脱离身份因素的强烈影响，虽多不违善良风俗，与法意暗合，但也不乏例外：（1）童养媳、亲上加亲等，实则违法，屡禁不止，（2）虽体现合意，但留有弊端，以致争讼频发，（3）并不体现合意，而强迫行事，因沿袭日久而当地人不以为非。易言之，合意与否，与合法（合善良风俗）与否，未能完全对应。

表3 《大清民律草案》关于共有"协议分割"的立法及理由①

序号	法条	理由
第1052条	分割,依分别共有人之协议行之。 前项协议,若有不谐,各分别共有人得提起请求分割之诉讼。	协议分割者,各分别共有人于审判外为分割之方法也,有省费和谐迅速之利益。 然协议决裂时,亦应设补救之法,本条使欲分割之分别共有人得向不欲分割之他分别共有人提起诉讼,求为分割同意之判决,而以此项确定判决代分割之同意,以免欲分割而不得分割之弊。
第1053条	分割,以原物分配于各分别共有人。 不能以分配原物之法而行分割,或虽能分割而恐其价格显有损失者,其分割以原物售得金额分配之。 原物之变价,准用出售质物之规定。	协议分割不能成立时,分割之方法应以法律规定之,盖使分别共有人于欲分割时能自行实施分割,于实际最便也。
第1057条	各分割人须保存分割所得物之证书。 分与数人之物,其证书须归取得最大部分之人保存之。无取得最大部分者,由分割人协议定保存证书之人。若协议不谐,声请审判衙门指定。 各分割人得使用保存之证书。	分割终结后,关于分割物之证书应保存之,以杜日后之争执。

其"协议"用意,或侧重私约、合意,或专指共有人就"共有财产分割"所达成的一致意见,或依合意而分割的方式即协议分割。如此看来,协议便有表示过程与结果的双重性质,言结果则包含了协商与共识等因素;言过程则有"协议不谐"而声请审判衙门指定的情况,②在意思表示方向,用"协议"实则并未特指同与不同,而重在为立约等的准备。③

大体上,"协议"则能体现于"交换意见"、和睦商议中求取意思表示一致之意;④

①《大清民律草案》,载怀效锋主编:《清末法制变革史料》下卷《刑法、民商法编》,中国政法大学出版社2010年版,第687~688页。

②附带一提,清末所修"商律"中,则多见"合同"之名,亦是除旧布新之意。

③协议,英译Mutual consent,释义"一人以上之间、欲得确定之意见、互为交换意思者、谓之协议。故因欲求参考意见,向无利害关系人征求意见,则非协议,乃咨询也"。《法律大辞典》,第452页。

④动态的"协议"及其附加意义可能接近"negotiating",此种启发来自鲁西奇翻译耶鲁大学历史系教授韩森(Valerie Hansen)所著Negotiating Daily Life in Traditional China: How Ordinary People Used Contracts, 600—1400(New Haven and London: Yale University Press, 1995)的感受:"其书名直译当作'传统中国日常生活中的协商:老百姓怎样用契约',但这种译法并不能准确地反映出作者的本义。这里的关键是'negotiating'一词,它既有协商、谈判及通过协商解决问题、达成协议之意,又有曲折前行、越过障碍、最终获得成功的隐喻之义。韩森教授曾向我解释这个词的内涵及她的本义,但要在中文语汇中找到一个恰当的对应表达,确实非常困难。我曾将它译为'协让共赢',虽然于其本义或庶几近之,然'协让'失之太古,'共赢'又过于现代;又试译作'两和立契',也觉得不够准确,远不如人意。"[美]韩森:《传统中国日常生活中的协商:中古契约研究》,江苏人民出版社2008年版,译者的话,第1页。

意思表示合致，或者循古法叫作"两情和同"，亦称得上是"契约"①"合同"的共同特征。② 法制变革中语词的沿用或改造，"旧瓶装新酒"，意在吸收西方民法原则与价值：

> 中国传统以来法律主要体现于刑事范畴，合约之效用一般不为国人所重视。真正规管民间交易之执法系统，乃是人之"关系"，唯其效能实与人民的流动性成反比。随着交通系统日益完善，人民流动性与日俱增，"关系"所发挥之效能渐渐消减，反之，观乎西方世界，诚如诺贝尔经济奖得主 Douglas North 所言，近代欧洲多国经济得以蓬勃发展，实有赖合约权利之执行，制约民间各类经济行为。此正填补中国法律传统之不足。故此，百年来中国法制在现代化进程中，吸收学习了不少西方"合约法"之精髓。③

三、当代区分"契约""合同""协议"的法律表现

（一）学理区分

中国近代法律上的"合同"多被称为契约，前已详述。④ 1949 年后，"合同"适用范

---

①"契约（contract）者，谓二人或二人以上之当事人相互间，以使生法律上之效果为目的之意思表示合致也。"《法律大辞典》，第 520 页。

②"合同行为"又称协定行为，二人以上以同一内容同一意思表示之合致，而生私法上效果之法律行为也。合同行为，在以二个以上意思表示合致之点，与契约同。其与契约不同者，盖契约乃由两人以上之不同方向的意思表示而成立，合同行为则由两人以上之同一方向、同一意思表示而成立者也。例如，买卖行为属于契约，买与卖之意思表示方向不同；社团法人为解散之决议时，各社员皆具有使其社员丧失权利之意，其意思表示方向完全相同，此合同行为也。汪翰章主编：《法律大辞典》，陈颐点校，上海人民出版社 2014 年版，第 224 页。以下版本同。值得注意的是，此书最初为上海大东书局 1934 年版，据点校版前言，"在表彰《法律大辞典》的成就的同时，我们还是必须提到日人渡部万藏编纂的《法律辞书》。《法律大辞典》的许多优点很大程度上直接来自渡部万藏的《法律辞书》，许多内容也直接来自渡部万藏的《法律辞书》。举其要者，如体例上，为防止说明的重复而一些辞条下直接标注参见辞条；使用英、德、法、意、拉五种语言作为对照语种，并附载比较完整的上述语种的索引……也许正是这一原因，吴经熊尽管在本书题词中褒扬了本书，但吴氏于 1935 年 10 月为郑競毅编著的《法律大辞书》撰写的序言中则直截了当地写道'近年坊间间有一二法律辞典出版，类皆脱胎日本法律辞书，于本国法制上之字义，每疏而不详，尤不能不引为憾事'"。《法律大辞书》，商务印书馆 2012 年版，吴序。

③陈可欣：《两岸三地合约法主要词汇》，香港城市大学出版社 2014 年版，第 4 页。

④如卢梭的《社会契约论》（Du Contract Social），1882 年中译为"民约译解"，1900、1913、1918、1935、1944 年诸译本均作"民约论"。钟书峰编："卢梭《社会契约论》中译本一览表"，载 http://blog.sina.cn/dpool/blog/s/blog_8390063b010143rq.html，最后访问日期：2018 年 2 月 11 日。今有学者认为应译为"协议"："传统理论不注意区分协议与契约，如西方法学著作中：Contractus（拉丁文）、Contrat（法文）、Contractto（意大利文）、Contract（英文）、Vertrag（德文），既表示协议，又表示契约。卢梭所著《Le Contrat Social》，中文译为《社会契约论》，其实此处之 Contrat，并非契约，而是协议，似可译为《社会协议论》。"参见李锡鹤："应区分合同与非合同协议、伪协议"，载《东方法学》2012 年第 2 期。

围越来越广，成为“契约”的同义词，并逐渐取代后者。①

“合同”与“协议”之辨，早为民法研究者与实务界人士所措意。有学者专就商品交换领域广泛采用定式合同的现实，重申合同的本质是意思表示合致，因而合意（协议）仍是合同理论的基石。②《中华人民共和国合同法》（以下简称《合同法》）出台之际，因其中第2条对合同的界定的简略形式为“合同是……协议”，有学者因之论证“合同属于民事法律范围，协议却不受此限”“合同，有法的规定性”，协议“一般认为是协商一致达成的议定书，也叫协议书。它是当事人之间就某一问题、某一事项、某一活动经谈判协商，取得一致意见后所形成的裁判文书”“国际问题商定的条约也采取协议的形式，并把协议作为条约的名称”，两者在性质上、使用范围上有差异，在详略、在内容侧重点上，甚至在法律效力上也存在差异，提倡将“合同”性质认定为符合特定条件的“契约文书”。③ 然而，细思之，在20世纪50年代至今的法律法规中已全面剔除“契约”的背景下，以“契约”诠释法律概念，学理上或可成立，但未必便于操作。又有学者据《合同法》第2条将“协议”一分为二，即一是与“民事权利义务”有关，二是与“身份关系”有关的规定，认为应以此为契机规范“契约”“合同”两个概念的使用。④

民法学界界定法律术语内涵与外延的努力，始终如一，而对概念的辨析角度则不一。李锡鹤《应区分合同与非合同协议、伪协议》一文，主张从《合同法》所体现的“合同”与“协议”的相关性上，即从“合同是协议，理解合同，必须先理解协议”出发，把握当今“协议”的类型与“合同”的要件。

关于“协议”的类型方面，他说：

> 所谓协议，又称合意，指各行为人的表示一致，可分两类：
>
> （1）契合关系：表示人只有双方，互为表示对象，表示的内容契合，即须相对方

①1950年10月3日，中央人民政府政务院财政委员会颁布《机关国营合作社签订合同契约暂行办法》，正文中时而用“合同及契约”，时而用“合同或契约”，从内容上看，二者有分工差别。参见贺卫方：“‘契约’与‘合同’的辨析”，载《比较法研究》1992年第2期；李阳生、李纪兵、蒋言斌：“从《合同法》第二条看契约与合同的异同”，载《中南大学学报》（社会科学版）2000年第3期。需要注意的是，台湾地区沿用民国法律术语，“契约”仍被广泛运用。香港地区承袭英国普通法，合约法学理论取自英国法。陈可欣：《两岸三地合约法主要词汇》，香港城市大学出版社2014年版，第5页。

②郑立：“论合意（协议）是合同理论的基石”，载《法学家》1993年第4期。

③即合同“是平等主体的自然人、法人、其他组织之间设立、变更、终止民事权利义务关系的契约文书”。王殿松：“论合同与协议的异同”，载《北京市总工会职工大学学报》1999年第3期。

④李阳生、李纪兵、蒋言斌：“从《合同法》第二条看契约与合同的异同”，载《中南大学学报》（社会科学版）2000年第3期。

以特定行为配合方能实现,双方均接受相对方的表示,允诺以特定行为配合相对方实现其目的。

(2)平行关系:表示人为多方(含双方),组成特定团体,表示内容相同,形成决议、章程。

关于“合同”的定义与要件方面,他认为:

合同是平等主体的协议,这一协议导致缔约人之间发生新的民事关系,新的民事关系是缔约人的共同追求。因此,合同的要件可概括为:

(1)当事人达成协议;

(2)发生法律效力;

(3)其效力反映当事人法律上的追求。

合同可界定为:按缔约人意志发生法律效力的协议。……民事生活中,按缔约人意志发生法律效力的协议是私法自治的基本形式,也是交易的基本形式,具有特别重要的意义,在各类协议中处于特别重要的地位。民法需要合同或者契约概念,正是为了表示此类协议,以区别其他协议。

按照这一标准,根据《合同法》第2条第1款,其结论是:“不按缔约人意志发生法律效力的协议,无论不发生法律效力的协议,还是发生不符合缔约人意志的法律效力的协议,仅是协议,不是合同”。①

“契约”的引申含义,也为学者所关注,譬如,区分政治领域之协议如“公法上的契约”“社会契约”“政治契约”与民事领域契约。② 又如,贺卫方教授认为,从词源与实用角度,“契约”这一表述均较“合同”为优,而提倡统一用“契约”的原因还在于,契约概念在近代学术理论中超出了纯粹的法学与经济学的范畴,成为一种衡量社会进步的尺度。③

①李锡鹤:“应区分合同与非合同协议、伪协议”,载《东方法学》2012年第2期。

②“在法理上,合同、契约只存在于民事领域。……契约是法律确认之协议,违反契约可诉诸法律;而政治协议是各派政治势力妥协的产物,通常即表现为法律。违反政治协议无法诉诸法律,如不能重新达成协议,只能诉诸实力。因此,民事契约与政治协议之根本区别不在于适用领域不同,而在于两者与法律的关系不同。”李锡鹤:“应区分合同与非合同协议、伪协议”,载《东方法学》2012年第2期。就“协议”的用意来看,日本学者的研究有一定启发,如稻田教授关注“协议”的多义,如“私事全员一致”与“国事多数决”等。参见稻田龍樹:“民法907條の協議の意義の系譜(上)——家事事件手続法における當時主義的運用の基礎的研究”,载《學習院法務研究》2015年第9號,第57頁。

③“如梅因《古代法》中,将契约视为联系新型社会中人与人平等关系的纽带,即人类从身份到契约(from Status to Contract)的‘所有进步社会的运动’,冲破血缘与家族纽带而建立一种平等的权利义务关系的社会,以法治社会人际关系、社会关系的契约化保障人的自由。”参见贺卫方:“‘契约’与‘合同’的辨析”,载《比较法研究》1992年第2期。

如此看来,(1)立约人之间的关系是否平等,(2)立约人能否达成意思表示一致,是描述社会生活中"契约"或"合同"性质及效力的两个指标。在"合意"方面,应无疑义;但在与"契约"或"合同"对应的是否仅限于平等主体间关系问题上,俞江教授并合古今,提出"应该严格区分'合同''契券'和'契约'之间的关系,如果还要维持合同自由原则,就必须承认'合同'概念不能涵括这些不平等的具体关系。因此,维持'契约'与'合同'的区别并使'契约'作为'合同'上位概念仍属必要"。①

贺卫方教授也曾从语词结构与表达简繁上分析"契约"与"合同":"契约"是复合同义词,即由"契"与"约"两个同义名词合并而成,组合之后,意义不变,可以简称为"约",如立约人、不符合约定规格;而"合同"一词却是动宾结构,即由动词"合"与宾语"同"组合而成,它表示的是一个过程。古代的所谓"合同契"指的是"把'同'字合起来加以验证的契约"。现代表述中,一方面,必须用"合同当事人"及"不符合合同所定规格",并无简称;另一方面,习用的要约、违约、违约金则与"合同"之称不相匹配。② 相应地,"协议"不似"契约"由同义名词构成,"协即和也",乃是"议"的限定与修饰,是"议"所追求的结果。因此"协议"可以表达静态名词,亦可表示动态过程,构成了古今法律条文中,"若达成协议则依协议,若协议不成则诉诸官府/人民法院"的句型。

(二)立法状况

《合同法》第2条如此定义:

> 本法所称合同是平等主体的自然人、法人、其他组织之间设立、变更、终止民事权利义务关系的协议。婚姻、收养、监护等有关身份关系的协议,适用其他法律的规定。

---

①合同是平等主体为处分各自的权利义务而达成的合意关系。在合同中,主体之间的平等性不但包括抽象关系上的平等,且意味着具体关系的相对平等。以平等性为前提,合同当事人的意思表示具有相对完整的真实性。正是平等性和真实性决定了合同的本质仍然体现为一种合意,而合同的约束力与合理性均首先来自于真实意思表示和平等主体之间的合意。契券则是平等主体在具体关系中因允诺而形成的约束关系。在契券中,抽象关系的平等和具体关系的不平等,决定了当事人意思表示并非具有完全的真实性。契约可归结为,在约束条件下,当事人利益在协商的可继续性(交流与行动)中达到系统性的平衡的状态。这里的"约束条件",既包括制度框架,又包括外部环境和事件发展的可能性。这里的"平衡",既取决于主体意志即权衡利益的主观性,同时受到信用程度或"议价能力"的制约。总之,既不是合意也不是允诺,而是协商的可继续性对契约当事人产生约束。只有当事人处于可继续协商的系统中时,我们才把这个系统称为契约;反之,丧失协商的可继续性的系统则不再视为契约。俞江:"'契约'与'合同'之辨——以清代契约文书为出发点",载《中国社会科学》2003年第6期。

②贺卫方:"'契约'与'合同'的辨析",载《比较法研究》1992年第2期。

声明“有关身份关系的协议”当“适用其他法律的规定”。如遵循民法典纂修的思路,则有关《合同法》“本法所称合同”的问题自应置于分编之“合同编”,而“有关身份关系的协议”须由“婚姻家庭编”“继承编”等处理。

虽然在民事生活中,立约者往往不加区分地选用“合同书”或“协议书”名称,但民事法规中,“协议”则有其较为固定的适用范围。除前述用以说明“合同”的属性外,《合同法》与《中华人民共和国民事诉讼法》(以下简称《民事诉讼法》)等所规定的“仲裁协议”①与“调解协议”②,以及执行过程中的“和解达成协议”,保障了立约时议定纠纷解决办法及适时调整。《中华人民共和国物权法》(以下简称《物权法》)规定的抵押、质押及留置方面的协议变更条款与协议折价方式,有助于债权债务问题的协商解决。详见表4。

表4　《合同法》《物权法》与《民事诉讼法》上关于“协议”的表述

类型	条文内容	法律名称及条序
合同类型及条款	本法所称合同是平等主体的自然人、法人、其他组织之间设立、变更、终止民事权利义务关系的协议。婚姻、收养、监护等有关身份关系的协议,适用其他法律的规定。	《合同法》第2条

①又如,《中华人民共和国仲裁法》第4条规定:“当事人采用仲裁方式解决纠纷,应当双方自愿,达成仲裁协议。没有仲裁协议,一方申请仲裁的,仲裁委员会不予受理。”

②从《民事诉讼法》来看,通过调解所达成的协议,要想获得法律效力,一是制作调解书,写明诉讼请求、案件事实与调解结果(第97条),二是维持和好的离婚调解、维持收养的调解等情况下,不制作调解书,但要记入笔录、当事人签字(第98条)。后者也起到确认合意并“立信”促进履行的效果。《中华人民共和国人民调解法》(以下简称《调解法》)中,专章规定“人民调解委员会”“人民调解员”“调解程序”与“调解协议”:“人民调解员根据纠纷的不同情况,可以采取多种方式调解民间纠纷,充分听取当事人的陈述,讲解有关法律、法规和国家政策,耐心疏导,在当事人平等协商、互谅互让的基础上提出纠纷解决方案,帮助当事人自愿达成调解协议”(第22条);“经人民调解委员会调解达成调解协议的,可以制作调解协议书。当事人认为无须制作调解协议书的,可以采取口头协议方式,人民调解员应当记录协议内容”(第28条);“调解协议书自各方当事人签名、盖章或者按指印,人民调解员签名并加盖人民调解委员会印章之日起生效。调解协议书由当事人各执一份,人民调解委员会留存一份”(第29条);“口头调解协议自各方当事人达成协议之日起生效”(第30条)。季卫东教授在《当事人在法院内外的地位和作用(代译序)》一文中(载[日]棚濑孝雄:《纠纷的解决与审判制度》,王亚新译,中国政法大学出版社1994年版,第6~7页)归纳得出:棚濑孝雄理论的“深刻之处在于既重视合意的绝对的正统功能,又注意到了合意之中存在着蜕化变质、甚至反转为强制的契机”。棚濑孝雄认为“审判程序和调解程序应当加以区别,但两者之间也存在相辅相成的流动性关系。……当代法治社会中的调解,可以说是包含着利己动机和共同动机两方面的‘契约型调解’。从契约性合意的角度来把握调解,意味着一种相互对立的意识的存在。按照汇纂式法解释学的概念,契约是相互对立的意思的合同。而传统的东亚式的合意的基础是‘和为贵’的哲学,是一种起源于信赖关系的共存状态。因此,法制化条件下的调解与对立性主张的充分议论以及为此设立的程序、法律家的专业性活动是可以并立而存的。正是通过契约关系这一中介环节,调解与法制结合起来了。”

续表

类型	条文内容	法律名称及条序
合同类型及条款	合同生效后，当事人就质量、价款或者报酬、履行地点等内容没有约定或者约定不明确的，可以协议补充；不能达成补充协议的，按照合同有关条款或者交易习惯确定。	《合同法》第61条
	合同或者其他财产权益纠纷的当事人可以书面协议选择被告住所地、合同履行地、合同签订地、原告住所地、标的物所在地等与争议有实际联系的地点的人民法院管辖，但不得违反本法对级别管辖和专属管辖的规定。	《民事诉讼法》第34条
仲裁协议	当事人可以通过和解或者调解解决合同争议。 当事人不愿和解、调解或者和解、调解不成的，可以根据仲裁协议向仲裁机构申请仲裁。涉外合同的当事人可以根据仲裁协议向中国仲裁机构或者其他仲裁机构申请仲裁。当事人没有订立仲裁协议或者仲裁协议无效的，可以向人民法院起诉。当事人应当履行发生法律效力的判决、仲裁裁决、调解书；拒不履行的，对方可以请求人民法院执行。	《合同法》第128条
	……被申请人提出证据证明仲裁裁决有下列情形之一的，经人民法院组成合议庭审查核实，裁定不予执行： （一）当事人在合同中没有订有仲裁条款或者事后没有达成书面仲裁协议的； （二）裁决的事项不属于仲裁协议的范围或者仲裁机构无权仲裁的；…… 仲裁裁决被人民法院裁定不予执行的，当事人可以根据双方达成的书面仲裁协议重新申请仲裁，也可以向人民法院起诉。	《民事诉讼法》第237条
	涉外经济贸易、运输和海事中发生的纠纷，当事人在合同中订有仲裁条款或者事后达成书面仲裁协议，提交中华人民共和国涉外仲裁机构或者其他仲裁机构仲裁的，当事人不得向人民法院起诉。 当事人在合同中没有订有仲裁条款或者事后没有达成书面仲裁协议的，可以向人民法院起诉。	《民事诉讼法》第271条
	对中华人民共和国涉外仲裁机构作出的裁决，被申请人提出证据证明仲裁裁决有下列情形之一的，经人民法院组成合议庭审查核实，裁定不予执行： （一）当事人在合同中没有订有仲裁条款或者事后没有达成书面仲裁协议的；……	《民事诉讼法》第274条

续表

类型	条文内容	法律名称及条序
仲裁协议	仲裁裁决被人民法院裁定不予执行的，当事人可以根据双方达成的书面仲裁协议重新申请仲裁，也可以向人民法院起诉。	《民事诉讼法》第275条
调解达成协议	调解达成协议，必须双方自愿，不得强迫。调解协议的内容不得违反法律规定。	《民事诉讼法》第96条
	调解达成协议，人民法院应当制作调解书。调解书应当写明诉讼请求、案件的事实和调解结果。	《民事诉讼法》第97条
	下列案件调解达成协议，人民法院可以不制作调解书： （一）调解和好的离婚案件； （二）调解维持收养关系的案件； （三）能够即时履行的案件； （四）其他不需要制作调解书的案件。 对不需要制作调解书的协议，应当记入笔录，由双方当事人、审判人员、书记员签名或者盖章后，即具有法律效力。	《民事诉讼法》第98条
	调解未达成协议或者调解书送达前一方反悔的，人民法院应当及时判决。	《民事诉讼法》第99条
	人民法院审理选民资格案件、宣告失踪或者宣告死亡案件、认定公民无民事行为能力或者限制民事行为能力案件、认定财产无主案件、确认调解协议案件和实现担保物权案件，适用本章规定。本章没有规定的，适用本法和其他法律的有关规定。	《民事诉讼法》第177条
	申请司法确认调解协议，由双方当事人依照人民调解法等法律，自调解协议生效之日起三十日内，共同向调解组织所在地基层人民法院提出。	《民事诉讼法》第194条
	人民法院受理申请后，经审查，符合法律规定的，裁定调解协议有效，一方当事人拒绝履行或者未全部履行的，对方当事人可以向人民法院申请执行；不符合法律规定的，裁定驳回申请，当事人可以通过调解方式变更原调解协议或者达成新的调解协议，也可以向人民法院提起诉讼。	《民事诉讼法》第195条
	当事人对已经发生法律效力的调解书，提出证据证明调解违反自愿原则或者调解协议的内容违反法律的，可以申请再审。经人民法院审查属实的，应当再审。	《民事诉讼法》第201条
和解达成协议	在执行中，双方当事人自行和解达成协议的，执行员应当将协议内容记入笔录，由双方当事人签名或者盖章。 申请执行人因受欺诈、胁迫与被执行人达成和解协议，或者当事人不履行和解协议的，人民法院可以根据当事人的申请，恢复对原生效法律文书的执行。	《民事诉讼法》第230条

续表

类型	条文内容	法律名称及条序
建筑工程承包协议	……发包人逾期不支付的，除按照建设工程的性质不宜折价、拍卖的以外，承包人可以与发包人协议将该工程折价，也可以申请人民法院将该工程依法拍卖。	《合同法》第286条
买卖不动产协议	当事人签订买卖房屋或者其他不动产物权的协议，为保障将来实现物权，按照约定可以向登记机构申请预告登记。预告登记后，未经预告登记的权利人同意，处分该不动产的，不发生物权效力。	《物权法》第20条
共有分割协议	共有人可以协商确定分割方式。达不成协议，共有的不动产或者动产可以分割并且不会因分割减损价值的，应当对实物予以分割；难以分割或者因分割会减损价值的，应当对折价或者拍卖、变卖取得的价款予以分割。	《物权法》第100条
抵押协议	抵押权人可以放弃抵押权或者抵押权的顺位。抵押权人与抵押人可以协议变更抵押权顺位以及被担保的债权数额等内容，但抵押权的变更，未经其他抵押权人书面同意，不得对其他抵押权人产生不利影响。……	《物权法》第194条
	债务人不履行到期债务或者发生当事人约定的实现抵押权的情形，抵押权人可以与抵押人协议以抵押财产折价或者以拍卖、变卖该抵押财产所得的价款优先受偿。协议损害其他债权人利益的，其他债权人可以在知道或者应当知道撤销事由之日起一年内请求人民法院撤销该协议。 抵押权人与抵押人未就抵押权实现方式达成协议的，抵押权人可以请求人民法院拍卖、变卖抵押财产。……	《物权法》第195条
	最高额抵押担保的债权确定前，抵押权人与抵押人可以通过协议变更债权确定的期间、债权范围以及最高债权额，但变更的内容不得对其他抵押权人产生不利影响。	《物权法》第205条
质押协议	因不能归责于质权人的事由可能使质押财产毁损或者价值明显减少，足以危害质权人权利的，质权人有权要求出质人提供相应的担保；出质人不提供的，质权人可以拍卖、变卖质押财产，并与出质人通过协议将拍卖、变卖所得的价款提前清偿债务或者提存。	《物权法》第216条
	债务人履行债务或者出质人提前清偿所担保的债权的，质权人应当返还质押财产。 债务人不履行到期债务或者发生当事人约定的实现质权的情形，质权人可以与出质人协议以质押财产折价，也可以就拍卖、变卖质押财产所得的价款优先受偿。……	《物权法》第219条
留置协议	……债务人逾期未履行的，留置权人可以与债务人协议以留置财产折价，也可以就拍卖、变卖留置财产所得的价款优先受偿。……	《物权法》第236条

《中华人民共和国婚姻法》(以下简称《婚姻法》)中集中出现的"协议"有两种类型(参见表5)：(1)"协议处理"即协商而体现合意，"协议不成"则意味着意见不一致，也就是未能成立具有法律效力的约定文书。第一栏所载，协议不成则由人民法院判决，是"协议"的一类使用场合。在此类涉及财产分配、费用负担及子女探视等问题上，离婚时夫妻的合意被认为是处理婚姻家庭问题的优先准则，只有在无法产生合意时，才交由法院依一系列标准来判决指定办法。(2)作为具体解决问题方案的，则是第二栏所载，"协议或判决"。这两种方案在顺位上有先后之别，即达成协议则排斥法院判决。伴随夫妻关系解散的财产分割、子女抚养与探视，固然涉及过错与否、公序良俗，但在合理范围内，夫妻双方有发言权，重视协议的取得与效力，体现对双方意见的尊重和听取。①《中华人民共和国收养法》(以下简称《收养法》)、《中华人民共和国继承法》(以下简称《继承法》)等中的"协议"，则以用例2居多。

表5　《婚姻法》《继承法》《收养法》中的"协议"与"合同"

"协议"用例1	"协议"用例2	合同
《婚姻法》第12条： 无效或被撤销的婚姻，自始无效。当事人不具有夫妻的权利和义务。同居期间所得的财产，由当事人协议处理；协议不成时，由人民法院根据照顾无过错方的原则判决。 ……	《婚姻法》第36条： ……哺乳期后的子女，如双方因抚养问题发生争执不能达成协议时，由人民法院根据子女的权益和双方的具体情况判决。	《婚姻法》第18条： 有下列情形之一的，为夫妻一方的财产： (一)一方的婚前财产； (二)一方因身体受到伤害获得的医疗费、残疾人生活补助费等费用； (三)遗嘱或赠与合同中确定只归夫或妻一方的财产； (四)一方专用的生活用品； (五)其他应当归一方的财产。
《婚姻法》第37条： 离婚后，一方抚养的子女，另一方应负担必要的生活费和教育费的一部或全部，负担费用的多少和期限的长短，由双方协议；协议不成时，由人民法院判决。	《婚姻法》第37条： ……关于子女生活费和教育费的协议或判决，不妨碍子女在必要时向父母任何一方提出超过协议或判决原定数额的合理要求。	—

①许莉："离婚协议效力探析"，载《华东政法大学学报》2011年第1期；李洪祥："离婚财产分割协议的类型性质及效力"，载《当代法学》2010年第4期；程啸："婚内财产分割协议、夫妻财产制契约的效力与不动产物权变动——'唐某诉李某某、唐某乙法定继承纠纷案'评释"，载《暨南学报》(哲学社会科学版)2015年第3期；等等。

续表

“协议”用例1	“协议”用例2	合同
《婚姻法》第38条： 离婚后，不直接抚养子女的父或母，有探望子女的权利，另一方有协助的义务。行使探望权利的方式、时间由当事人协议；协议不成时，由人民法院判决。	《继承法》第5条： 继承开始后，按照法定继承办理；有遗嘱的，按照遗嘱继承或者遗赠办理；有遗赠扶养协议的，按照协议办理。	—
《婚姻法》第39条： 离婚时，夫妻的共同财产由双方协议处理；协议不成时，由人民法院根据财产的具体情况，照顾子女和女方权益的原则判决。	《继承法》第31条： 公民可以与扶养人签订遗赠扶养协议。按照协议，扶养人承担该公民生养死葬的义务，享有受遗赠的权利。 公民可以与集体所有制组织签订遗赠扶养协议。按照协议，集体所有制组织承担该公民生养死葬的义务，享有受遗赠的权利。	—
《婚姻法》第41条： 离婚时，原为夫妻共同生活所负的债务，应当共同偿还。共同财产不足清偿的，或财产归各自所有的，由双方协议清偿；协议不成时，由人民法院判决。	《收养法》第15条： ……收养关系当事人愿意订立收养协议的，可以订立收养协议。 ……	—
《婚姻法》第42条： 离婚时，如一方生活困难，另一方应从其住房等个人财产中给予适当帮助。具体办法由双方协议；协议不成时，由人民法院判决。	《收养法》第26条： ……收养人不履行抚养义务，有虐待、遗弃等侵害未成年养子女合法权益行为的，送养人有权要求解除养父母与养子女的收养关系。送养人、收养人不能达成解除收养关系协议的，可以向人民法院起诉。	—
《收养法》第26条： 收养人在被收养人成年以前，不得解除收养关系，但收养人、送养人双方协议解除的除外，养子女年满十周岁以上的，应当征得本人同意。……	—	—

一方面,在“调解协议”“离婚协议”“抚养协议”“收养协议”等方面,“协议”的表述,是含义明晰而形态固定的。以离婚情况下所发生的分割财产的协议为例,其效力的实现取决于协议当事人即夫妻双方,离婚与否,以及协议离婚或诉讼离婚的方式选择,相比《合同法》所列举的立约与履约问题要更为复杂。“协议离婚财产分割协议当事人的真实意思是:如双方协议离婚,相对方可按协议分割财产。协议离婚财产分割协议成立后,当事人一方如拒绝办理离婚登记,不是违约,当然也不能请求其履行协议离婚财产分割协议。另一方提起诉讼离婚,如判决离婚,也不能请求其履行协议离婚财产分割协议。但任何一方与相对方协议离婚,相对方均可请求其履行协议离婚财产分割协议。此即协议离婚财产分割协议之法律效力,发生于双方合意时,亦属维持效力。”①另一方面,不同法律的措辞,对“协议”或“合同”的选用,未必一贯。但即便如此,通过协商达致意思表示一致这一要素,在“合同”或“协议”中均要得到贯彻。

［责任编辑:武航宇］

法史答问录

问曰:请问《唐律》中的“六杀”与“劫杀”的关系?

答曰:唐初制律讲“六杀”,没有将“劫杀”列入,而是将其归入强盗罪。根据“举轻以明重”的原则,强盗持杖“虽不得财,伤人者斩”,故不列“劫杀”单条。唐末五代,劫杀已经列入,作为“七杀”而谈。清人黄六鸿之《福惠全书·刑名·总论》:“人命有真有假,真者不离乎七杀:曰劫杀、曰谋杀、曰故杀、曰斗殴杀、曰误杀、曰戏杀、曰过失杀。”将劫杀列为七杀之首。《宋史·刑法志》引真宗天禧四年诏:“天下犯十恶、劫杀、谋杀、故杀、斗杀、放火、抢劫……过天庆节即决之。”可见“劫杀”已经成为最重的杀人罪。谋杀因而得财,是以杀人为目的,顺便取财;劫杀则是以抢劫为目的,为劫财而杀人。二者区别很大。明清律则直接以“七杀”入律。(王宏治)

①李锡鹤:“应区分合同与非合同协议、伪协议”,载《东方法学》2012年第2期。

·民法文化·

罗马法私犯之债概观

——对查士丁尼《法学阶梯》的阅读*

郭佳宁**

摘　要:罗马法上的债分为契约之债和私犯之债,其中的私犯之债为现代大陆法系侵权行为法奠定了理论体系和制度格局。罗马法上的私犯之债划分为各种具体的类型,并主要通过对侵权人主观"不法"的考察来确定责任的成立。私犯以惩罚性赔偿为主,兼采主观和客观的赔偿额计算方法。现代侵权法中的许多概念和制度都能在私犯法中寻找到踪影。

关键词:罗马法;私犯;过错

目　次

---

*本文为国家社会科学基金一般项目"侵权与犯罪交叉案件私权救济优先论研究"(15BFX165)的阶段性成果。

**郭佳宁,沈阳师范大学法学院副教授,法学博士。

二、私犯之债的赔偿责任概观

（一）以惩罚性赔偿为主

（二）兼采主观和客观的赔偿标准和计算方法

（三）可用损害投偿代替赔偿

三、私犯之债的归责依据概观

（一）由客观归责向主观归责的转变

（二）侵权人需要具有过错能力

（三）过错被区分为故意和过失两种形态

（四）采取列举式的过失判断标准

四、结语

被恩格斯赞誉为“以私有制为基础的法律的最完备形式”的罗马法成果异常丰富，从公元前450年第一部成文法典《十二表法》到公元565年的《国法大全》，经历了1000多年的发展和积累，罗马法达致辉煌。《国法大全》是东罗马帝国拜占廷皇帝查士丁尼在位时（或译为优士丁尼）大规模组织编纂的法典，包括《查士丁尼法典》《学说汇纂》《法学阶梯》《新律》四个部分，反映了查士丁尼帝和罗马法全盛时期法律与法学的全貌，是罗马法的精华所在，它的问世，标志着罗马法已经发展到完备和成熟阶段，也标志着罗马法发展的终结，①是后世研习罗马法最重要的文献。

其中的《法学阶梯》相当于一部民法教科书。在拉丁语中，“法学阶梯”一词的含义是通向法学殿堂的路，即法学入门之意。在罗马帝国的鼎盛时期，著名五大法学家中的盖尤斯、保罗、乌尔比安、佛洛伦丁都写过同名的著作。其中特别是盖尤斯的《法学阶梯》对后世影响最大。查士丁尼《法学阶梯》②以盖尤斯《法学阶梯》为蓝本，除内容有所删改外，其体例全面仿照了盖尤斯《法学阶梯》，通过四卷的论述将罗马私法分为人法、物法、诉讼法三个部分。物法不仅指物权法，还有继承、契约之债和私犯之债（或称侵权行为之债）。可见，《法学阶梯》中的物法实际上等同于现代民法中的财产法。债分为契约之债和私犯之债，还有与之相类似的准契约之债和准私犯之债。私犯之债是罗马私法的古老制度，《十二表法》“第八表”即为私犯之债。

①蒙振祥、陈涛、律璞主编：《罗马法》，中国政法大学出版社2011年版，第37页。

②本文使用的版本是由张企泰先生翻译，商务印书馆1989年出版的查士丁尼《法学总论——法学阶梯》，在行文中如无特殊说明，《法学阶梯》即指查士丁尼《法学阶梯》。

众所周知,公法与私法的划分开始于罗马法。除私法外,公法也是罗马法的重要内容,只是私法更为发达,内容更为丰富,因此后世多研究罗马私法。在王政时期,罗马将违法行为造成的损害因侵犯利益的不同划分为公犯和私犯。公犯是指通敌、叛国等侵犯国家利益的罪行,由国家直接进行刑事惩罚。私犯是侵害私人财产和人身的行为,由受害人自己提起诉讼,惩罚的方式主要是损害赔偿。私犯诉讼程序和公犯诉讼程序也是分开进行的。罗马的私犯与近现代民法上的侵权行为虽然在范围上有所不同,但性质上并无区别。①

一、私犯之债的类型概观

盖尤斯《法学阶梯》和查士丁尼《法学阶梯》都列举了盗窃、抢劫、非法损害、侵辱四种类型的私犯。这些债统称私犯,是因为"这些债务是从一种事物产生的,即侵权行为"。②

私犯之债的类型中包括了现代已经作为犯罪行为的盗窃和抢劫,这一方面是因为古代法律还没有明确区分侵权和犯罪。另一方面是因为罗马法以侵犯利益的性质作为公法和私法的划分标准,侵犯罗马国家和公共利益的是公犯,侵犯私人利益的是私犯。盗窃和抢劫侵犯的是私人财产,当然也是对私人利益的侵害,因而理所当然地被归为私犯之债。

(一)私犯之盗窃

盗窃,拉丁语的意思是"黑暗中取走"。私犯中的盗窃和现代刑法中的盗窃罪在概念和范围上都稍有不同,这里的盗窃既包括秘密窃取他人财物据为己有,也包括违背物的所有人的意志占有和使用物,即未经许可的使用和占有也被认为是盗窃。盗窃因此分为物件盗、占有盗和使用盗。"盗窃不仅出现在为窃取他人物品而将其拿走的情况中,而且也出现在违背所有主的意愿染指其物品的情况中。"③如擅自使用他人寄存的物时,保管人是一种盗窃行为;使用他人质押给自己的物时,质权人是一种盗窃行为;擅自改变借用物的用途时,借用人是一种盗窃行为。另外,作为盗窃对象的物不仅是他人的财产甚至可以是自己的物。拐盗自由人(如他人的子女),也是一种盗窃。可见,判断是否构成盗窃的唯一标准是"所有人的内心真实意愿"。明知违背其真实意愿,构成

①周枏:《罗马法原论》(下册),商务印书馆2002年版,第843页。

②[古罗马]查士丁尼:《法学总论——法学阶梯》,张企泰译,商务印书馆1989年版,第190页。

③[古罗马]盖尤斯:《盖尤斯法学阶梯》,黄风译,中国政法大学出版社2008年版,第196页。

盗窃。虽然没有事先获得其同意,但如果所有人事实上会同意这一行为,就不构成盗窃。

盗窃细化为现行盗窃和非现行盗窃。非现行盗窃又分为查获盗窃、转移盗窃和拒认盗窃等不同的情形。盗窃时被当场抓获的是现行盗窃,相当于"现行犯"。"非现行犯"包括查获盗窃、转移盗窃和拒认盗窃:盗窃物在窃贼的住处被搜查发现的,是查获盗窃;窃贼将盗窃物转移至他人之处,并在他人之处被查获时,是转移盗窃;任何人阻止有证人在场进行的盗窃物搜查或拒不交出盗窃物即构成拒认盗窃。

盗窃的类型不同,相应的责任轻重也不同。《十二表法》甚至规定如果是夜间行窃,被当场抓获,则杀死盗窃者是合法的。据盖尤斯《法学阶梯》记载,对现行盗窃处以4倍的罚金,对查获盗窃和转移盗窃处以3倍罚金,拒认盗窃是4倍罚金。① 至查士丁尼《法学阶梯》,现行盗窃的罚金仍是被盗窃物的价值的4倍,非现行盗窃统一为2倍罚金。除了可以诉请罚金外,被盗窃者还可以提起原物返还之诉。

(二)私犯之抢劫

抢劫是暴力夺取他人之物。从违背所有人意志夺取他人之物的意义上,抢劫也是一种盗窃,因为"还有谁比强夺他人之物更是违背所有人的意思夺取其物呢?"②但在行为方式上,公开暴力抢夺与秘密窃取是不同的,裁判官(大法官)为这种违法行为规定了一种专门的诉讼,暴力抢劫财产之诉。抢劫因此成为一种独立于盗窃的私犯类型。

抢劫之诉最早由外务裁判官路库路斯创设于公元前76年。③ 起初仅适用于结队持械抢劫者,后扩大到一切使用暴力夺取他人财物的情形。抢劫之诉没有现行与非现行之分,一律处以被抢劫物价值4倍的罚金。被抢劫者仅可以提起罚金之诉,不能提起原物返还之诉。4倍之数并非全部是罚金,其中包括了原物在内,因此罚金实际上是3倍。抢劫之诉的赔偿范围受到时间的限制,受害人须在1年内提起诉讼,才可以获得4倍赔偿。如果在1年后提起诉讼,仅能要求1倍赔偿。

(三)私犯之非法损害

《阿奎利亚法》取代了之前所有涉及非法损害的法律,因此,在罗马法中《阿奎利亚法》是可以与非法损害互换的词语。《法学阶梯》在论述非法损害之债时的标题即为

①[古罗马]盖尤斯:《盖尤斯法学阶梯》,黄风译,中国政法大学出版社2008年版,第195页。
②[古罗马]查士丁尼:《法学总论——法学阶梯》,张企泰译,商务印书馆1989年版,第195页。
③蒙振祥、陈涛、律璞主编:《罗马法》,中国政法大学出版社2011年版,第227页。

"阿奎利亚法"。相较于《法学阶梯》,《学说汇纂》第九卷"私犯、准私犯与不法行为之诉"对此有更为详尽的介绍。

非法损害包括不法杀害和其他损害。《阿奎利亚法》第一章规定:"凡不法杀害属于他人的男奴隶或他人的女奴隶或他人的四足牲畜或一头家畜者,须依被害人当年的最高价值向其所有主以金钱赔偿。"《阿奎利亚法》第三章规定:"除了奴隶和家畜被杀害以外,如果某人通过不法焚烧、折断或伤害造成其他物的损失,那么他有义务就该损害物过去 30 日内的价值向所有权人给以金钱赔偿。"①按现代的理解,《阿奎利亚法》中的非法损害既包括对财产的损坏也包括对人身的伤害。但是当时的罗马是一个奴隶制社会,奴隶虽然是生物学意义上的人,但并不是法律意义上的人,奴隶不具法律上的人格和主体地位,只是法律关系的客体,作为"会说话的工具"归属于奴隶主所有,因此,对奴隶的伤害造成的仍是财产损害而非人身伤害。

构成非法损害的关键性要件是"不法",按罗马法学家的解释,不法是指违法作出的行为,包括故意和过失。"不法"被解释为一种因过错所致的损害。因此,动物的单独行为导致的损害被排除在外。

有权或合法实施的行为可以阻却和排除"不法"。如杀死强盗是"有权"杀人,不承担责任,享有这种防卫权利的前提条件是"不能以任何其他方式避免危险"。据乌尔比安《论告示》第 18 卷记载:"如果杀死拿着剑攻击自己的人,则排除了违法性,不被视作不法杀害。在盗贼想杀死自己的情况下将其杀死也是合法的。但是,如果他可以将其抓获,但是却将其杀死,这时他是不法的。"②可见,在罗马法上,正当防卫是有限度的,防卫以必要为限,过当要承担责任。同样,在意外事故中杀人也不构成不法,只要他的行为没有任何过失。

(四)私犯之侵辱

罗马法中的侵辱是侵害人身的侵权行为,与非法损害是侵害财产的侵权行为相对应。侵辱是对身体和人格的侵害,因此,侵辱的对象须是具有法律人格的自由人。侵害行为不仅包括暴力殴打、性侵身体,还包括用文字和语言对人格进行侮辱和诽谤,主要是名誉侵权。罗马社会非常重视名誉,对人身权的保护也超越了生命、身体、健康等物

①该法第二章被废弃。参见[古罗马]优士丁尼:《学说汇纂》(第 9 卷),米健、李钧译,中国政法大学出版社 2012 年版,第 45 页。

②[古罗马]优士丁尼:《学说汇纂》(第 9 卷),米健、李钧译,中国政法大学出版社 2012 年版,第 17 页。

质性人格权的范畴，对精神性人格权尤其是名誉权给予特殊保护，对名誉侵权施以重责。《十二表法》规定，如果有人编造或歌唱含有诽谤或侮辱他人的歌词，则必须被执行死刑。

对于侵辱，被害人可以提起民事诉讼，也可以提起刑事诉讼。在民事诉讼中，应根据损害后果估计一个数额，对行为人处以罚金；在刑事诉讼中审判员应依职权对行为人另外判处刑罚。[①] 罗马法的民事诉讼与刑事诉讼是分开进行的，彼此独立。私犯和公犯保护的利益不同，不能以刑罚代替赔偿。

（五）准私犯之债

私犯之外，还有被后世称为准私犯的一些侵权行为。《法学阶梯》中记载的准私犯主要包括：第一，审判员误判导致的损害；第二，楼房的投掷物、倾倒物导致的损害；第三，公共通道的悬挂物、搁置物脱落、坠落导致的损害；第四，经营者对自己管控范围内的雇员造成损害的责任。

对于准私犯的出现是一种偶然还是精心设计，学者们给出了不同的解释，至今没能找到一个令人满意的答案。周枏先生认为："罗马法将私犯分为私犯和准私犯两类。二者之间并没有性质的区别，这种区分纯粹是由历史原因造成的。"[②]准私犯是继私犯之后产生的，是由于时间先后不同，未纳入私犯之中。

根据《法学阶梯》对准私犯行为的解释，可以看出，准私犯和私犯至少存在以下两个方面的区别：一方面，实际责任人对损害进行赔偿往往不是依据其行为的不法性。"根据侵权行为负责是不确切的，因为这种情况往往是他就他人，例如子女或奴隶的过错而负责"。[③] 另一方面，准私犯行为的赔偿标准和计算方法也不同于私犯行为。例如，公共通道的悬挂物、搁置物脱落、坠落导致的损害，一律处以10个金币的罚金。楼房的投掷物、倾倒物在造成自由人死亡的情况下处以50个金币的罚金，采取定额赔偿原则；如果是一般伤害，则由法官根据公平原则按个案情况自由裁量。

根据前述的四种准私犯类型，对于后三种，罗马人似乎认为侵权责任人并没有进行积极的不法行为，而是因为和实际加害人存在某种特殊的关系而应承担赔偿责任，也就是现代侵权法上的转承责任。而第一种审判员误判的责任也是在其执行公务的情况下

---

①[古罗马]查士丁尼：《法学总论——法学阶梯》，张企泰译，商务印书馆1989年版，第203页。
②周枏：《罗马法原论》(下册)，商务印书馆2002年版，第846页。
③[古罗马]查士丁尼：《法学总论——法学阶梯》，张企泰译，商务印书馆1989年版，第204页。

导致。这种执行公务导致的损害,在现代法上是由国家进行赔偿而非具体执行职务的公务员个人。

二、私犯之债的赔偿责任概观

(一)以惩罚性赔偿为主

现代侵权法的功能主要是填补损害,以被侵权人的实际损害为限进行赔偿。与现代侵权法的补偿性赔偿相反,惩罚性赔偿是古代侵权法的常态,古代法典中随处可见的是惩罚性赔偿。罗马私犯的损害赔偿也以惩罚为目的,损害赔偿以罚金的形式对侵权人进行惩罚而不只是填补损害。罗马私法的惩罚性赔偿以4倍为最高限额。“一切诉讼,其标的或是单价,或是加倍、三倍、四倍,但从不超过四倍。”①

(二)兼采主观和客观的赔偿标准和计算方法

针对侵辱之诉,由于人身没有市场价值,无法明码标价。大法官准许受害人自己估价,估价的依据主要是被害人的地位和身份。在受害人估价之后,大法官有权适当减少赔偿额。罗马法上甚至允许侵权人自己决定损害赔偿的数额,在审判员误判导致损害时,由导致损害的审判员自己凭其良心估算出公平的数额进行赔偿。

针对财产的非法损害之诉,根据前引《阿奎利亚法》的规定,凡不法杀害奴隶或四足家畜者,须依当年的最高价值向其所有主进行金钱赔偿。造成奴隶和四足家畜受伤或其他财产的损害时,侵权人所负的赔偿责任不是按1年而是过去30日内所值的最高价计算赔偿额。按最高价值计算赔偿,也就是说即使被杀死的奴隶在被杀时已经残疾,但只要在侵权行为发生前的1年内,这个奴隶曾是健康的,则应按健康的奴隶的价值进行赔偿。财产损害赔偿的范围也非常宽泛,不以该物的本身的价值为限。如被杀死的马是马戏团的一员,因马的死亡而导致暂停表演的营业损失,也可以诉请赔偿。

罗马法早期也曾采取过定额赔偿,《十二表法》规定的即是定额赔偿。如砍伐他人树木一律赔偿25阿司,折伤自由人一骨,处300阿司罚金等,但因过于僵化而被废弃不用。

上述规定虽然已经采取了“市场价值”这一客观标准,但以一定时间内的“最高价”为赔偿标准与现代侵权法的赔偿标准是不同的。现代侵权法多以“损害发生时”的市

---

①[古罗马]查士丁尼:《法学总论——法学阶梯》,张企泰译,商务印书馆1989年版,第211页。

场价值作为赔偿标准来计算赔偿额，如我国《侵权责任法》第19条规定："侵害他人财产的，财产损失按照损失发生时的市场价格或者其他方式计算。"

（三）可用损害投偿代替赔偿

按照罗马法，家长可以采取损害投偿的方式以消灭私犯之债。所谓损害投偿，是指当奴隶或家子造成他人损害时，奴隶主或者家父可以将该奴隶或家子交给受害人处置以代替赔偿的制度。损害投偿对于家长而言是一种可以选择的制度：要么交出不法行为人，要么给付罚金。损害投偿与支付罚金具有相互替代性，不能同时适用，两者都是私犯之债的消灭方式。①

奴隶作为侵权人时，无论是盗窃行为、抢劫行为、非法侵害还是侵辱行为，都产生交出加害人之诉。奴隶主可以选择支付罚金或者将奴隶交给受害人用以赔偿。罗马早期，损害投偿的方法也同样适用于处在父权下的家子。但因为这种办法太过残忍，违背人伦道德而被后世所废止。《法学阶梯》论述道："谁能忍受把自己的儿子，尤其女儿，作为加害人而向他人交出呢？因为父亲由于儿子的遭遇，比儿子本人更加感觉痛苦，至于廉耻观念更不容许以这种方法对待女儿。"②

损害投偿同样适用于动物侵权的场合。《十二表法》中已经规定："动物的主人把造成损害的动物交出用来赔偿损害。主人即可免除责任。"

除了损害赔偿之外，私犯之诉还能引起其他的法律后果，如盗窃者和抢劫者本人会被判令为不名誉。按罗马法的规定，法官宣告某人为不名誉后，该人不能再做证人或请其他人作证。罗马法非常注重形式，凡是重要财产一般都是要式物，而要式物的买卖必须有证人在场。不名誉是一种人格减等，实际上起到了限制主体的民事行为能力的作用。

三、私犯之债的归责依据概观

现代侵权法是建立在一般过错责任原则基础上的。正如耶林所言："使人负损害赔偿的，不是因为有损害，而是因为有过失，其道理如同化学上的原则，使蜡烛燃烧的，不是光，而是氧气一般的浅显明白。"③在一般情况下，让侵权人承担责任的最终理由是

①费安玲主编：《罗马私法学》，中国政法大学出版社2009年版，第378页。
②［古罗马］查士丁尼：《法学总论——法学阶梯》，张企泰译，商务印书馆1989年版，第223页。
③王泽鉴：《侵权行为法》，中国政法大学出版社2001年版，第14页。

因为其主观上具有过错。罗马私犯法之所以被认为是现代侵权法的起源,原因是其建立了以加害人主观过错为归责依据的一般原则,从而改变了以客观结果为归责依据的原始状态,也扩大了侵权法的适用范围,使得侵权行为从古代法典的个别列举发展为具有抽象性的高度概况。"所有形式的私犯都要求有非法意图的存在。不法被等同为故意或者过失,原告应当证明存在这二者中的一者。"①

在侵权法的历史中,罗马的《阿奎利亚法》无疑占有重要地位。《阿奎利亚法》中的"不法"一词,被认为是兼具《法国民法典》中的"过错"和《德国民法典》中"违法性"的双重含义。其奠定了侵权法的理论基石,也引发了后世大陆法系关于过错与违法性关系的无休止争论。

(一)由客观归责向主观归责的转变

古代法律基本上采取客观归责,以单纯的结果为责任的承担依据,罗马早期也采取这种归责原则。罗马法上的主观归责首先出现在契约领域:"罗马法契约责任的归责原则以拉贝奥抗辩为标志分为两个发展阶段:客观责任时期和主观责任时期。"②从客观责任到主观责任的过渡时期,正是罗马法的大发展时期,即"法学昌明时代"或"古典时代"。

(二)侵权人需要具有过错能力

判断过错,是以行为人有过错的能力即侵权责任能力为前提的。如精神病人没有过错能力,因此一个精神病人造成损害,是不能提起阿奎利亚诉讼的。当有人问及未成熟者(未适婚人)是否能构成盗窃时,盖尤斯和查士丁尼的答案都是否定的。因为他们还没有足够的识别能力来判断自己行为的性质和违法性。过错能力是判断行为人有无过错的前提,也是一些转承责任的理论基础,如监护人责任等。

(三)过错被区分为故意和过失两种形态

罗马法清晰地界分故意和过失是两种不同的主观状态,而故意和过失的区分在侵权法上具有重要的意义:首先,故意时无须判断因果关系。其次,一些侵权行为的成立必须是故意。如盗窃和抢劫的成立要求侵权行为人的主观故意,"无恶意就无盗窃"。最后,故意和过失对于判定责任的轻重和范围具有重要意义。《十二表法》已经规定:

---

①[英]巴里·尼古拉斯:《罗马法概论》,黄风译,法律出版社2000年版,第232页。

②丁玫:《罗马法契约责任》,中国政法大学出版社1998年版,第9页。

"烧毁房屋或堆放在房屋附近的谷物堆的,如属故意,则捆绑而鞭打之,然后将其烧死;如为过失,则责令赔偿损失,如无力赔偿,则从轻处罚。"甚至侵权行为结束后的恶意也会被考虑,在非法损害之诉中,如果加害人抵赖的话,要处以双倍的罚金。

(四)采取列举式的过失判断标准

《法学阶梯》和《学说汇纂》中尚没有形成抽象的过失的判断标准,但"注意义务"这一过失判断的核心标准已经形成,并被后世法学家所归纳、发展出一般的规则。罗马法学家主要依据损害发生的地点和侵权人的职业特点等,以列举的方式说明侵权人主观上是否具有过失。

从事危险行为是否具有过失需要考量的因素是:第一,是否进行了警示。如果在修整树枝、砍伐树木时没有对过路的人进行警示,就有过失。进行了警示则没有过失。第二,进行危险行为的场所是否适当。如果士兵在军事场所进行练习时,投标枪扎死了一个路过的奴隶,则士兵没有过失,因为被扎死的奴隶不应从此经过。如果士兵在非军事场所进行练习,则有过失。如果几个人打球,球落在了理发师的手上,而理发师正在给一个奴隶剃须,该奴隶的喉咙被剃须刀割开,奴隶死亡。过失在理发师方面,因为理发师不应当在游戏或交通频繁的地方剃须。

在罗马法上,缺乏技巧一直被认为是一种过失。职业行为以是否具有专业的技术来判断过失。如果医生给病人做了手术,但是没有后续的保护性治疗或者医术拙劣、错误用药,则医生具有过失。赶骡人是否有主观过失取决于他是否具有足够的力气和驾驶的技巧和经验。因缺乏经验、力弱、不谙骑术而不能驾驭骡子时被认为有过失而承担责任。在执行职务时,行为不能超过必要的限度。超过了必要的限度,也是有过失的。如教师在对学生进行教育和惩戒时需要保持一个合理的限度。教师过分严厉,采用不恰当的方式被视为过失。① 教师在惩戒学生时,给其造成严重的人身伤害应承担侵权责任。

四、结语

现代大陆法系侵权法建立在以归责原则为核心,以构成要件和损害赔偿为两翼,包括违法、过错、因果关系、免责事由、共同侵权、特殊侵权等基本概念和理论在内的体系结构之上。

①保罗《论告示》(第22卷),参见[古罗马]优士丁尼:《学说汇纂》(第9卷),米健、李钧译,中国政法大学出版社2012年版,第17页。

罗马私犯法基本形成了现代大陆法系侵权法的理论体系和制度格局。奠定了现代侵权行为法的理论基石。① 罗马法上的私犯以主观过错为归责原则;以不法、损害后果、因果关系为构成要件;以正当防卫、意外事变和不可抗力为免责事由;建立了包括以惩罚性赔偿为原则、损害赔偿的范围、计算方式、责任形式等在内的损害赔偿制度。

罗马法学家关于私犯的著述已经触及了侵权法的各个领域。在因果关系领域,虽然罗马私犯法将因果关系局限于直接因果关系,但已经考察了多因一果、因果关系不明、继起性因果关系等情形。在共同侵权领域,已经规定了帮助、教唆侵权,受害人不仅可以对实施打人行为的人,而且可对恶意怂恿或唆使打人嘴巴的人提起侵害之诉。在连带责任领域,论述了多个责任人时连带责任的认定和承担。在主体领域,基本确立了求偿权利人和赔偿义务人的范围。在特殊侵权领域,确立了监护责任、雇主责任、饲养动物致害责任、物件损害等责任。以上种种,为后世法学和立法提供了丰富的借鉴和参考。罗马私犯法从一个方面力证了罗马私法在大陆法系民法中无可替代的位置,而答案本身正是:“我们授予罗马法学一个永恒的功绩——将过错观念贯彻于整个民法。”②

[责任编辑:佟金玲]

法史答问录

问曰:“斩决”和“拟绞监候”的区别,一个是立即执行斩刑,另一个是绞刑的缓刑,对吗?

答曰:不太准确。清代死刑分为:斩立决、绞立决、斩监候、绞监候。立决,又称“决不待时”,一经皇帝核准,即宣告执行,一般是对罪行重大者的刑罚。监候也都要经过中央复核,待秋后再执行,是一种缓刑。对监候的复核分为:情实、缓决、矜疑及奏请定夺。除情实外,一般可以不执行死刑。(王宏治)

①谢邦宇:《罗马法文稿》,法律出版社2008年版,第161页。

②[德]鲁道夫·冯·耶林:《罗马私法中的过错要素》,柯伟才译,中国法制出版社2009年版,第35页。

·民法文化·

查士丁尼《法学总论》中遗赠内容评析

郭松珅*

摘　要:近年来有关遗赠的纠纷呈现逐年上升趋势,而我国现有《中华人民共和国继承法》中关于遗赠部分的规定过于简单、粗糙,不能充分地保护遗赠人与受遗赠人的合法权益。查士丁尼《法学总论》作为古罗马时期的经典教科书,其中很多内容对后世大陆法系国家的立法有着深远影响,因此,研究查士丁尼《法学总论》中关于遗赠部分的内容,对完善我国《继承法》遗赠制度会有所助益。

关键字:《法学总论》;遗赠;"发尔企弟法"

目　次

遗赠作为我国公民遗产继承的主要方式之一被《中华人民共和国继承法》(以下简称《继承法》)所确认。然而《继承法》自1985年颁布实施至今已过了30多年,随着社

*郭松珅,沈阳师范大学法学院讲师。

会经济文化的不断发展,《继承法》中存在的一些问题已日益凸显,亟待完善,如遗赠方面的规定或存在不足或过于浅显,已不能很好地满足保护公民合法财产权益方面的需要。

查士丁尼《法学总论》是东罗马帝国拜占庭皇帝查士丁尼(Flavius Anicius Justinianus,公元483~565年)在位期间(527~565年)下令编写的一部法学教科书,是查士丁尼《民法大全》的一个组成部分。全书四卷,98篇,涵盖了关于人法、物法、契约法及诉讼程序法等方面的内容,对后世欧洲各国的民事立法有着深远的影响。① 以评注的方式具体分析查士丁尼《法学总论》中关于遗赠标的规定及"发尔企弟法"的原文,深入解读查士丁尼《法学总论》中关于遗赠方面的规定,对未来我国修缮《继承法》有一定的借鉴意义。

一、遗赠标的种类及范围

查士丁尼《法学总论》中对遗赠标的种类及范围的表述,除规定遗赠标的可以是遗赠人自己的财产外,还有很多特殊的情况。

(一)将他人之物遗赠

> 遗嘱人不但可以用他自己的或继承人的财产,而且可以用他人的财产作出遗赠。如以他人的财产遗赠,继承人必须购买此物以交付受遗赠人,如不能购买,则给予物的价值。但若遗赠物不具有商品性质,无法购买,如以练兵场、大寺院、庙宇或公用物遗赠,则继承人无给予物的价值的义务,因为这种遗赠是无效的。②

这表明,在古罗马时期,遗赠标的种类不限于自己所有的财产,他人所有财产也在遗赠人遗赠的范畴内,只不过这种作为遗赠标的的他人所有财产必须具有商品属性,否则一旦财产所有人拒绝向继承人出卖该财产,该财产又由于不具备商品属性,无法进行物的价值替换,遗赠将无法履行,从而失去意义。因此查士丁尼《法学总论》中将遗赠不具备商品属性的他人财产的行为列为无效的遗赠行为。

> 遗嘱人如以质押于债权人的物遗赠,继承人负赎回其物的义务。③

该片段与将他人之物遗赠类似,只不过将他人所有之物替换成了他人质押物。这

①[古罗马]查士丁尼:《法学总论》,张企泰译,商务印书馆1989年版,第3页。
②[古罗马]查士丁尼:《法学总论》,张企泰译,商务印书馆1989年版,第107页。
③[古罗马]查士丁尼:《法学总论》,张企泰译,商务印书馆1989年版,第107页。

种情况下,遗嘱继承人同样有义务将质押物赎回交付给受遗赠人,但无论是遗赠他人所有之物还是遗赠设立质押权之物,均要求遗赠人对遗赠物的权属状态是明知的,否则其继承人不具有赎回义务。

> 如果以他人之物遗赠,而在遗嘱人在世时其物已成为受遗赠人所有,在受遗赠人购买而取得该物的情况下,他可以提起遗赠之诉,要求偿还价金。但如果受遗赠人以纯粹得利的方式,例如接受赠与或者其他相似的方式而取得,他不能提起这种诉讼。①

这表明,当遗赠人遗赠他人之物中的他人与受遗赠人重合时,该种遗赠仍然有效,受遗赠人可就自己受赠物的财产价值进行受赠。但这种受赠受到同一人就同一物不得以两种纯得利的方式取得规则的约束,即同一人不能用两种纯粹得利的方式两次获得同一物,但可以一次获得物,一次获得物的权益或价值。

通过以上分析,可以得出这样的结论:在查士丁尼《法学总论》中他人之物可以作为遗赠标的的一个种类,遗赠人遗赠他人之物时,其继承人通过对该他人之物进行购买、赎回或等价补偿的方式完成遗赠人的遗赠。

(二)将预期利益或物遗赠

> 遗嘱人可以把尚未存在而将存在的物,例如某果园生产的果实或某女奴将生育的婴孩作为有效的遗赠物。②

这告诉我们,古罗马时,人们认可尚未存在而将存在之物的价值属性,所以查士丁尼《法学总论》中将这种预期出现的物或利益规定为一种遗赠标的,认为是可以进行遗赠的。但遗憾的是,对于这种预期出现的物或利益,如果由于意外原因而没有存在或出现,那么,在此种预期的遗赠标的不出现的情形下,查士丁尼的《法学总论》中并没有给出如何处理的方法。

(三)无形财产作为遗赠标的

> 遗嘱人如以免除债务向债务人遗赠,遗赠是有效的,继承人既不得对债务人本人,也不得对他的继承人或处于继承人地位的任何人请求清偿。债务人并且得对继承人起诉,要求其免除债务。③

①[古罗马]查士丁尼:《法学总论》,张企泰译,商务印书馆1989年版,第108页。
②[古罗马]查士丁尼:《法学总论》,张企泰译,商务印书馆1989年版,第108页。
③[古罗马]查士丁尼:《法学总论》,张企泰译,商务印书馆1989年版,第109页。

这是查士丁尼《法学总论》中对债权可以作为遗赠标的的明确表述。只不过此处遗赠债权的对象被限定为债务人，下面的论述则进一步表明了查士丁尼《法学总论》中对债权等无形财产作为遗赠标的的态度。

无论有形体物或无形体物都可以遗赠，因此遗赠人得以他的债权遗赠，继承人因此就必须为受遗赠人的利益使用期诉权，除非遗赠人已在生前提出了给付的要求，在此情况下遗赠消灭。①

(四)遗赠标的包含主物的孳息

如果以羊群遗赠，随后羊群的减少至仅存一头时，受遗赠人得提起对物之诉，请求剩余的一头。根据犹里安的意见，羊群的遗赠，包括在遗赠订立后增添的羊在内。因为羊群是各头羊组成的单一体，正如建筑物是结合起来的石块所构成的单一体一样。因此，以建筑物遗赠的，在遗嘱订立后增添的柱子和大理石一并包括在遗赠物之内。②

虽然是以羊群为例，但包含的信息却是对遗赠订立后遗赠标的所产生孳息的处理规定。上面的论述表明，查士丁尼的《法学总论》中规定，在遗赠订立后被继承人死亡前这段时间内，遗赠标的所产生孳息应属于遗赠财产范围之内。而当今大多数国家《继承法》规定孳息不属于遗赠财产范围之内，这种差异体现了古罗马时期立法者对于遗赠人死亡前遗赠标的所产生孳息的处理态度。

通过以上论述可知：查士丁尼《法学总论》中对于遗赠标的范围的规定与我国现行《继承法》存在很大的差异，如将他人之物遗赠是完全违背我国《继承法》与物权法基本原则的，再如将预期利益或物遗赠、无形财产特别是债权作为遗赠标的、遗赠标的包含主物的孳息等规定在我国现行《继承法》中均属空白。实际上，古罗马时期的立法者通过最大限度扩大遗赠标的范围，以保护遗赠者的真实意愿和受遗赠者的权益，这一点值得我们思考和借鉴。

二、发尔企弟法

查士丁尼《法学总论》第二十二篇的“发尔企弟法”对遗赠规定了最后的一些限制。

过去根据十二表法，遗赠人可以通过遗赠处置其全部财产，因为法律规定，

①[古罗马]查士丁尼：《法学总论》，张企泰译，商务印书馆1989年版，第112页。
②[古罗马]查士丁尼：《法学总论》，张企泰译，商务印书馆1989年版，第110页。

“个人无论怎样处置其财产，法律都认可”。现在看来应对这种过分的自由加以限制，这对遗赠人本人来说也是有利的，因为往往他们所指定的继承人因为一无所得或所得无几拒不承受遗产，遂致他们成为不留遗赠的死亡者。为此曾经通过弗里法和伏考尔法，但由于这两个法都没有达到预期目的，最后指定了发尔企弟法，规定遗赠人全部遗赠不得超过其财产总数的四分之三，这就是说，无论被指定的继承人是一人或数人，必须留给他或他们至少四分之一。①

“发尔企弟法”的思想虽然看似有违个人可以根据自己意志任意处理自己的财产这一法律规定，但就像上面这段话所阐述的，这种有限程度的违背实在是不得已而为之。而且查士丁尼《法学总论》认为这种违背是有益于遗嘱人和受遗赠人双方的。

以现今的视角来看，各国《继承法》中均有遗赠人可以自由处分本人财产的规定，但不可否认的事实是，这种规定的宽容性也往往会带来一定的社会问题。以我国为例，我国《继承法》第16条规定：“公民可以依照本法规定立遗嘱处分个人财产。”由此可以看出，遗赠属一种民事法律行为，民事行为是当事人实现自己权利、处分自己权益的意思自治行为，当事人的意思表示一旦作出，民事行为就成立。因此遗赠自己财产的这种处分行为是不受他人限制的。然而对这种处分权不做任何限制也会带来一定的社会问题，如四川的黄永斌遗赠案，遗赠人黄永斌立遗嘱将个人全部财产遗赠给了“小三”张学英，而没有留给原配妻子。原配妻子认为：“遗赠人黄永彬生前与原告张学英长期非法同居，黄永彬所立遗赠属违反社会公德的无效遗赠行为。”②这个案件当时社会反响极大，法官认为：遗赠人黄永彬基于与“小三”张学英有非法同居关系而立下遗嘱，将其遗产和被告所有的财产赠与原告张学英，是一种违反公共秩序、社会公德和法律的行为，最后判决遗赠无效，“小三”张学英最终没有获得遗赠。案件的判决虽然得到了社会各界的好评，但从法律上看，黄永斌所立遗嘱符合我国《继承法》规定，“小三”张英学依法享有受遗赠权利。就《继承法》而言，它的立法初衷就在于要充分尊重当事人即遗嘱人的意愿，只要遗嘱（遗赠）的形式符合法规律定，内容不违反《继承法》第19条的规定，就应当认定该遗嘱（遗赠）合法有效，如果判决违背了《继承法》遗嘱人自由处理本人财产的基本思想，就应属于错判。但如果判决“小三”张学英胜诉，则势必与普通民

①［古罗马］查士丁尼：《法学总论》，张企泰译，商务印书馆1989年版，第118页。

②“四川省泸州市纳溪区人民法院民事判决书（2001）纳溪民初字第561号”，载 http://www.iolaw.org.cn/showNews.asp? id=243，2018年1月29日访问。

众的道德评价相冲突,有对“小三”认可与纵容之嫌疑,让社会各界无法接受。这种情况的出现也恰好印证了查士丁尼《法学总论》中所提到的观点,即这种完全处理本人遗产的自由是“过分的”①。从这个角度讲,“发尔企弟法”对于中国《继承法》存在着一定的借鉴意义。

另外,我国《继承法》中关于遗赠抚养协议与保留胎儿继承份额规定之间存在冲突。《继承法》第5条规定,继承开始后遗赠人订有遗赠扶养协议的,按协议办理。《继承法》第28条规定遗产分割时应保留胎儿继承份额。《最高人民法院关于贯彻执行〈中华人民共和国继承法〉若干问题的意见》第45条提出,应当为胎儿保留的遗产份额没有保留的应从继承人继承的遗产中扣回。《继承法》与《最高人民法院关于贯彻执行〈中华人民共和国继承法〉若干问题的意见》中的规定,明确了遗赠扶养协议的法律效力和为胎儿保留继承份额的规定,但并没有明确当存在遗赠扶养协议时,为胎儿保留继承份额的规定是否仍然适用。这必将产生遗赠扶养协议与为胎儿保留继承份额规定的效力优先问题。

前文已述,我国《继承法》规定,公民可以立遗嘱自由处分个人财产,该法条赋予被继承人处理自己财产的高度自治权。订立遗赠扶养协议也是被继承人或遗产赠与人自治权的一种体现,只不过遗赠人以订立遗赠扶养协议的方式处理自己遗产与一般的遗赠有所不同,遗赠扶养协议下的遗赠是一种附条件的遗赠,受遗赠人取得遗赠是要付出一定对价或义务的,即履行对遗赠人生前的扶养义务。如果确定为胎儿保留继承份额规定的效力高于遗赠扶养协议,则当受遗赠人履行完抚养义务,却被告知其按遗赠扶养协议应获得的遗赠要被扣除为胎儿保留的继承份额,这显然违背了民法与合同法的公平原则,造成受遗赠人的权利义务不对等。

然而如果法律规定遗赠扶养协议的效力高于为胎儿保留继承份额的规定,则必然会损害胎儿的生存权。《继承法》规定为胎儿保留继承份额主要是为了确保胎儿出生后有一定的生活来源,以保证胎儿的生存权。而遗赠扶养协议中完成扶养义务的受遗赠人,依遗赠扶养协议获取协议对价,即遗赠的权利,这一权利实际上具有获利性质。故而当胎儿的生存权与这种依协议取得的获利性质权利相冲突时,胎儿的生存权更应被保障。

---

①[古罗马]查士丁尼:《法学总论》,张企泰译,商务印书馆1989年版,第118页。

从上述分析可知，遗赠扶养协议与为胎儿保留继承份额的规定冲突时，以现有的法律无法判定两者之间谁的效力优先。而“发尔企弟法”中强制规定遗赠人必须保留一定份额遗产给继承人的做法，能给我们提供一个解决问题的思路。

三、结语

前文提及，目前我国《继承法》存在不足，查士丁尼《法学总论》中有关遗赠标的种类、范围及“发尔企弟法”等方面的内容均对《继承法》的修改和完善有一定的借鉴意义。当前我国《继承法》对于遗赠标的范围的规定过于狭窄，只限于遗赠人享有现实所有权的财产，建议在将来的《继承法》修订中扩大遗赠标的范围，借鉴查士丁尼的《法学总论》中有关遗赠标的种类划分，将遗赠人预期财产或预期财产权益、无形财产（债权、求偿权）等凡是能给受遗赠人带来财产性收益的一律划入遗赠标的范围中来。同时鉴于目前《继承法》对于遗赠标的从属物、孳息等均无明确规定，建议将来在立法上增加关于遗赠标的从属物、孳息等的规定，将遗赠标的从属物、孳息等纳入遗赠标的范围中来。①

建议在修订《继承法》时适当借鉴“发尔企弟法”的思想，在一定程度上限定遗赠人处理本人财产时的“过分”自由权，如限定遗赠人遗赠自己财产时，必须保留一定份额给胎儿、患病无生活来源直系亲属等，再如限定遗赠人的遗赠行为不得违背社会公德、不得损坏社会公共利益，否则遗赠行为将归于无效。当然这种限定一定要把握好尺度，不能过分地影响到遗赠人处理本人财产时的自由，进而影响到《继承法》“遗赠自由”的大原则。

［责任编辑：武航宇］

①郭明瑞、房绍坤、关涛：《继承法研究》，中国人民大学出版社2003版，第279页。

·诉讼法文化·

参与分配制度程序设计中的冲突与解决

陈凤贵　韩　蕊*

摘　要:按照现行关于参与分配制度所规定的程序运作,执行法院将无法避免地处于两难境地。问题根源是分配方案异议之诉与申请参与分配截止时间的规定存在着内在冲突。合理设计参与分配制度应以完成其内在的逻辑自洽为着眼点。建议应该在参与分配制度现有规定的基础上,增加规定执行法院公告通知债权人参与分配之义务和修改申请参加参与分配的截止时间。

关键词:参与分配;程序设计;异议之诉;冲突;解决

目　次

*陈凤贵,沈阳师范大学法学院教授,硕士研究生导师;韩蕊,中国刑事警察学院经济犯罪侦查系副教授。

“执行难”是2007年《民事诉讼法》修改所要解决的主要问题之一。对于执行中的参与分配制度，虽然在此次《民事诉讼法》的修改中没有体现，但在2008年最高人民法院发布的《关于适用〈中华人民共和国民事诉讼法〉执行程序若干问题的解释》中，对参与分配制度在原有规定的基础上，增加了对分配方案异议和异议之诉作为救济手段的规定。该规定出台后，由于申请参与分配截止时间并未调整，仍然是被执行人财产执行终结前，于是便出现了分配方案异议之诉判决生效后，申请参与分配人应否被纳入原分配方案中的问题。文章拟结合司法实践中的真实案例，就参与分配制度程序设计中的冲突与解决问题进行探讨。

一、问题的提出

（一）案情介绍

2010年6月7日，申请执行人姜某某、丁某某（系夫妻）依据法院生效判决就被执行人肖某某、李某（系夫妻）对其欠款56.9万元及利息向法院申请执行，SQ法院立案执行。经查，被执行人李某有门市房一处，建筑面积423.75平方米，但该门市房因被执行人李某对另案申请执行人鲜某某欠款60万元而被其占用。SQ法院查封被执行人肖某某、李某门市房后，2010年10月11日，鲜某某向SQ法院递交书面申请，要求参与分配。SQ法院于2010年10月29日决定对查知的门市房予以评估、拍卖，终以拍卖价2 413 680元成交，全部拍卖款项于2011年6月27日入SQ法院账号。后又查知，SQ农村信用合作联社城郊信用社对该门市房享有抵押权，且尚有债权人张某因被执行人李某对其欠款50万元本金及利息曾向SQ法院主张就该门市房享有优先受偿权，后被法院生效判决驳回优先受偿权的请求，但对于被执行人李某对张某欠款50万元本金及利息的请求予以确认。2013年9月29日张某向SQ法院提出参与分配申请。

2013年11月2日，SQ法院作出分配方案，就拍卖门市房款项，扣除已付因享有抵押权的SQ农村信用合作联社城郊信用社的贷款后，剩余款890 510.68元。首先，优先支付诉讼费、执行费等；其次，被执行人财产不足清偿同一顺序的清偿要求的按照比例分配。按照比例分配方案:(1)分配比例 = 被执行人可分配财产/参与分配债权(按生效法律文书确定数额)。(2)债权人参与分配应得数额 = (债权数额 + 迟延履行期间债务利息) × 分配比例。

分配方案送达后,申请执行人姜某某、丁某某、张某均向 SQ 法院提出异议,并提起执行分配方案异议之诉。但姜某某、丁某某提出异议之诉后又撤回起诉。张某提起的分配方案异议之诉经一审法院审理被判驳回诉讼请求,二审法院因其无正当理由拒不到庭,裁定按撤诉处理。分配方案异议之诉的判决于 2015 年 10 月 19 日生效。

分配方案作出后,姜某某、丁某某虽然撤回了异议之诉,但其并不接受该分配方案,于 2014 年年初到 SQ 法院的上级法院上访。上级法院关注本案时,询问了解本案被执行人是否还有其他债权人申请执行。SQ 法院经查询得知,尚有 8 个案件的当事人申请执行本案的被执行人李某、肖某某。SQ 法院按照上级法院的意见,通知这 8 个案件的当事人后,8 个债权人分别于 2014 年 3 月 13 日至 3 月 28 日期间向 SQ 法院提出了参与分配申请。

(二)SQ 法院审委会讨论意见

2016 年 4 月 21 日,SQ 法院召开审判委员会对申请执行人姜某某、丁某某与被执行人李某、肖某某民间借贷纠纷执行案件进行讨论,研究分配方案执行异议之诉判决生效后 8 个债权人申请参与分配,法院应如何处理问题。但审委会未能形成多数人意见,现归纳总结主要代表性意见如下:

第一种意见:分配方案异议之诉判决生效后申请参与分配的 8 个申请人不应纳入分配方案。理由是:法律仅规定,申请参与分配由当事人申请,法院依职权通知无依据,本案分配方案异议之诉判决生效后,经法院通知申请参与分配的 8 个当事人不符合法律规定。参与分配方案作出并经对分配方案异议之诉的审理和作出的判决生效后,再允许当事人申请参与分配,必然损害了先申请的当事人的利益。

第二种意见:分配方案异议之诉判决生效后,申请参与分配的 8 个申请人也应纳入分配方案。主要理由是根据现行司法解释的规定,在被执行人的财产被清偿前或被执行完毕前,其他人有权申请参与分配。

但持此观点的人,对于后申请参与分配者加入后是否需要撤销原参与分配方案以及撤销方式认识不一致。关于原分配方案,有主张撤销者和不撤销者。关于主张撤销者对于撤销方式又有不同认识,包括直接申请撤销参与分配方案,通过再审程序撤销参与分配异议之诉的原一、二审判决,提出执行异议等。

第三种意见:认为该案在参与分配方案经异议之诉且该异议之诉判决生效后,被执行人财产被清偿前,又有人申请参与分配的情况,法律以及司法解释均无明确规定,应当向上级法院疑请。

(三)争议的问题

参与分配制度在我国民事诉讼法中并无规定,但在司法解释层面自1992年《最高人民法院关于适用〈中华人民共和国民事诉讼法〉若干问题的意见》(以下简称《民诉意见》)中规定以来,经过1998年《最高人民法院关于人民法院执行工作若干问题的规定(试行)》(以下简称《规定》)进行了完善,后又在2008年《最高人民法院关于适用〈中华人民共和国民事诉讼法〉执行程序若干问题的解释》中增加规定了参与分配异议和参与分配异议之诉的参与分配救济途径。2015年《最高人民法院关于适用〈中华人民共和国民事诉讼法〉的解释》(以下简称《民诉解释》)第508~512条,可谓全面覆盖了以往关于参与分配制度规定的全部内容。

本文所引案例中的问题,在参与分配制度没有规定异议和异议之诉前,虽然关于参与分配制度规定简陋,在实践中也会存在这样那样的问题,尤其是在缺少统一规范情况下,各地各级法院对于参与分配中所出现的特殊情况的处理,存在做法不一的混乱局面,但是对于债权人申请参与分配法院应否准许,并非难题,法官只需审查其是否符合权利要件和时间要件即可,对于符合参与分配权利人条件的尽可以列入分配范围,分配方案由法院自由裁量确定。然而,当参与分配异议和参与分配异议之诉确定后,当事人不予认可分配方案,提出异议,该异议遭到反对意见时,异议人有权向执行法院提起诉讼,且该诉讼适用普通程序进行审理。当事人对于一审判决不服,还可以提出上诉。基于两审终审制,二审法院所做判决为终局生效判决,其具有既判力。至此,分配方案经过法定异议程序,随着异议之诉判决的生效而得到法律意义的终局性权威性评价。依照规律和逻辑,参与分配开始后,接下来的程序依次应是以下几个阶段:确定参与分配债权人及债权数额—制订参与分配方案—分配方案异议及参与分配异议之诉(非必经程序)—维持或调整分配方案—进行分配。但本文所引案例的事实表明,按照现行关于参与分配制度所规定的程序运作,将无法避免地使执行法院处于两难境地。

首先,应否允许分配方案异议之诉判决生效后的申请人参与分配? 不允许其参与分配,则违反现行法律规定;允许其参与分配,则如何处理原分配方案,无法可依。

其次，如果允许分配方案异议之诉判决生效后的申请人参与分配，是适用原分配方案进行分配，还是重新制订分配方案？

最后，如果重新制订分配方案，那么已经过分配方案异议之诉生效判决所确认的原分配方案将如何处置？

二、参与分配制度程序设计中的冲突

本文所引案例存在的问题，根源是分配方案异议之诉与申请参与分配截止时间的规定存在着内在冲突。

分配方案异议之诉，也称分配表异议之诉，是指提出分配方案异议的债权人或者债务人因不同意未提出异议的债权人或者债务人的反对意见而提起的，对其异议理由进行实体审理和裁判以确定是否修改分配方案的请求。它是在多个债权人对同一债务人申请执行或者对执行财产申请参与分配的实现金钱债权的执行程序中适用的一种实体性救济制度。① 简言之，分配方案异议之诉旨在通过公正的司法审理程序来最终确定分配方案。

申请参与分配截止时间，是通过立法直接规定的债权人申请参与分配的最后时限。《民诉解释》第509条第2款规定："参与分配申请应当在执行程序开始后，被执行人的财产执行终结前提出。"该款明确规定，申请参与分配的开始时间为"执行程序开始后"，截止时间为"被执行人的财产执行终结前"。所谓"被执行人的财产执行终结前"，是指执行价款实际支付给了申请执行人或者执行标的物因以物抵债而将产权转移给申请执行人。

分配方案异议之诉不是参与分配过程中的必经阶段，当事人根据情况有权决定是否提起执行异议之诉，但在司法实践中，当事人提出分配方案异议之诉的不在少数。如果当事人提起分配方案异议之诉，必然是在被执行人财产分配前提起并结案。在分配方案异议之诉判决生效后，"被执行人的财产执行终结前"，会有一定的时间间隔，本文所引案例中的8个债权人就是在此期间申请参与分配。于是，原已确定的分配方案自然被置于尴尬境地。在后申请参与分配的债权人因为没有就该分配方案参与意见而有理由对其质疑；在先申请参与分配的债权人既可以基于分配方案中并不包括在后申请

①江伟、傅郁林：《民事诉讼法学》，北京大学出版社2015年版，第493页。

参与分配者主张不得将在后申请参与分配的债权人纳如此分配方案进行分配，也可以针对执行法院将在后申请参与分配者纳入分配方案后的分配结果提出异议。

分配方案异议之诉与申请参与分配截止时间的规定，导致参与分配制度的程序规定不能实现逻辑自洽，因为符合规律的程序安排，应该是先确定参与分配债权人，再确定分配方案，而现行参与分配的规定常常出现确定了分配方案后，却发现还没有能够确定参与分配债权人的情况。于是，通过执行异议之诉所确认的分配方案总是处于可能被此后出现新的债权人申请参与分配的挑战之中，且在理论层面这种挑战可能会是反复的。

三、对参与分配制度的思考

（一）参与分配制度的立法演进

我国从1982年《民事诉讼法》试行，到1991年颁布正式的《民事诉讼法》，再到2007年《民事诉讼法》修改和2012年的《民事诉讼法》修改，民事执行参与分配制度均未写进《民事诉讼法》中。但是，自1992年以来民事执行参与分配制度一直是以最高人民法院的司法解释形式存在着。为了便于表述，笔者将其立法演进过程区分为以下几个阶段：

（1）参与分配制度的初始规定。我国民事执行参与分配制度的规定始于1992年《民诉意见》，其第297~299条，规定了参与分配的条件、清偿顺序、分配办法、剩余债务的继续履行、就其他财产的执行请求权等。

（2）参与分配制度的修正完善。1998年《规定》第90~95条，完善了参与分配条件，明确了主持分配的法院，规定了优先受偿权。

（3）参与分配的立法探索。2004年最高人民法院曾经拟定过一个《关于执行程序中多个债权人参与分配问题的若干规定（征求意见稿）》，但该份文件至今仍未正式出台。

（4）参与分配的救济办法。2008年《最高人民法院关于适用〈中华人民共和国民事诉讼法〉执行程序若干问题的解释》第25、26条增加规定了参与分配异议和参与分配异议之诉的参与分配救济途径以及确认了为诉讼中的债权人的争议数额款项提存权。

（5）参与分配制度的集中规定。2015年《民诉解释》第508~512条，可谓全面覆盖了以往关于参与分配制度规定的全部内容。

(二)参与分配制度的目的

参与分配制度的目的何在？笔者拟透过学界关于参与分配概念、条件的阐述，来推测参与分配制度的目的。

关于何谓参与分配？学界尚无一致表述。傅郁林教授认为，所谓参与分配，是指在实现金钱债权的执行中，债务人的全部或者主要财产已经被民事执行机关查封、扣押或者冻结，在该财产或者该财产变价所得金额交付执行债权人之前，该债务人的其他债权人请求就该财产变价所得金额受偿以实现自己的金钱请求权，民事执行机关将执行所得金额在全体债权人之间进行公平分配的一种法律制度。① 汤维建教授认为，参与分配，是指在执行程序中，因债务人的财产不足以清偿各债权人的全部债权，申请执行人以外的其他债权人凭有效的执行依据也申请加入已开始的执行程序，各债权人从执行标的物的变价中获得公平清偿的制度。② 张卫平教授认为，参与分配，是指在执行程序中，因为债务人的财产不能清偿所有债权人的全部债权，申请执行人以外的其他债权人依据有效的执行根据申请加入已经开始的执行程序，全体债权人就执行标的物的变价公平受清偿的制度。③

就参与分配的条件，一般认为包括以下几个：(1)债务人是自然人或者其他组织；(2)债务人的财产不能清偿所有债权；(3)债权人必须已取得执行根据或者对执行标的物享有优先受偿权；(4)正在执行的和申请参与分配的债权必须都是金钱债权；(5)在执行程序开始后，债务人的财产执行终结前提出申请。

基于以上关于参与分配概念和条件的阐述，对于参与分配制度的目的可以在以下表述中找到答案：

其一，参与分配制度旨在就债务人的财产对债权人的债权做公平分配。此在关于参与分配表述不一的各个概念中均能够找到印证，即各概念均不否认参与分配是为了对债权人进行公平清偿。

其二，参与分配制度的债务人是自然人或者其他组织，而不是法人，法人资不抵债时适用企业破产制度。这种基于不同主体所适用的参与分配制度与企业破产制度，二者虽有相似之处，但也有着本质区别。最重要的是，二者所产生的后果并不相同。前者

①江伟、傅郁林：《民事诉讼法学》，北京大学出版社 2015 年版，第 493 页。
②汤维建：《民事诉讼法学原理与案例教程》，中国人民大学出版社 2006 年版，第 520 页。
③张卫平：《民事诉讼法》，中国人民大学出版社 2011 年版，第 328 页。

使得债权人能够公平受偿但不会因此导致债务人主体身份的消灭，该清偿并非最终清偿；而后者在使得债权人公平受偿的同时，也为债务人主体的存在画上了句号，该清偿一般具有终局性。

其三，参与分配制度并非是就债务人的全部财产清偿债务。一方面强制执行制度通过规定"执行标的有限原则"在一定程度上限定了执行范围；另一方面虽然通过参与分配，可能使得债务人的现有全部财产基本用于清偿债务，但其仍然具有在此后继续取得财产的能力。所以，参与分配制度中也规定了债权人就未受清偿的部分在此后仍有继续要求债务人清偿的权利。

其四，参与分配制度并不要求债务人的全体债权人参加。分析参与分配制度的条件可知：一是非金钱债权（包括不能转化为金钱债权）的债权人不能参与分配；二是没有在法定期限内申请参加参与分配的债权人不能参与分配；三是无有效执行依据且对所查封、扣押、冻结的财产不享有优先权的债权人不能参与分配。

综上，关于参与分配制度的目的，其并不在于穷尽债务人的全部财产以最大程度对所有债权人作出最终性的偿还，而是在于使得债务人的现有的可知的已被采取查封、扣押、冻结的可供执行的财产能够在经法院审查确认的参与分配债权人之间进行公平分配。

（三）参与分配制度的价值取向

有文章认为我国参与分配制度的立法演变，似乎曾经表现为以公正为首要价值追求的"清盘型参与分配"，后来却又表现为以效率为首要价值追求的"搭车型参与分配"。[①] 因为1992年《民诉意见》中所规定的内容表明参与分配是在债务人全部财产不足以清偿债权人全部债权时，其他债权人可以申请参与分配，主要解决债务人资不抵债时的公平分配问题。而1998年《规定》内容是说其他债权人在债务人除被查封、扣押、冻结财产外，无其他财产可供执行或其他财产不足以清偿其债务时，可参与分配，主要解决在部分债权人之间就债务人已知（被控）财产合理受偿问题。文章认为，与其说这种立法变化是价值追求的调整，不如说是在正确认识参与分配制度目的基础上的合理安排。

公正和效率是司法工作的两大价值目标。公正和效率之间既有分离也有一致。不同部门法根据其所调整的社会关系的不同特点而确定不同的价值取向为立法本位。不

①吴晓静："现行参与分配制度根本缺陷与改进建议"，载《法律适用》2008年第1期。

同的法律制度之间因其所要追求的目的不同在价值取向方面也会存在不同的立法本位之别。如果说企业破产法是债务人对债权人的最终清偿，则其倾向于选择公正作为其首要价值取向，而参与分配是在债务人被查封、扣押、冻结的财产以外，无其他财产或其他财产不足以清偿债权人债权时对债权人债权的阶段性处理，则其不妨选择效率为其首要价值取向。

从参与分配是以效率为首要追求价值来分析参与分配制度，不允许参与分配案件的久拖不决，尤其是基于制度设计而形成的程序逆转和无限循环是参与分配制度所不允许的。正确处理参与分配制度中的公正与效率关系，有必要解决参与分配制度在程序设计上所存在的内在冲突问题。

四、参与分配制度的合理设计与本文所引案例的处理

参与分配制度的合理设计是从未来着眼，为参与分配制度的立法完善提供参考意见，但该意见并非本文所引案例的处理依据。本文所引案例的处理应该按照参与分配的现行立法解释，结合民事诉讼法的相关规定，给予分配异议之诉判决生效后申请参与分配人以必要的权利救济。因此参与分配制度的合理设计与本文所引案例的处理属于两个不同层面的问题。

（一）参与分配制度的合理设计

基于以上分析，笔者认为现行民诉解释关于参与分配制度的规定符合参与分配制度目的及价值追求，合理设计参与分配制度应以完成其内在的逻辑自洽为着眼点。笔者认为应该在参与分配制度现有规定的基础上，增加规定执行法院公告通知债权人参与分配之义务和修改申请参加参与分配的截止时间。

首先，关于增加规定法院公告义务。参与分配制度中的债权人申请参与分配，应以债权人知道债务人已被申请执行且其全部或主要财产已被法院查封、扣押、冻结为条件。符合申请参与分配的债权人在法律规定的期限内没能提出申请时，往往也是以其不知道债务人被申请执行为质疑和辩解之理由。被强制执行的债务人可以被视为缺乏诚信，法院公布其被强制执行的相关信息也有利于解决长期以来的“执行难”问题。因此有必要确定法院公告义务，为债权人获取债务人的信息提供途径。尽管如此也无法保障所有债权人都能够“知道”，但这是实现参与分配程序公正的必要选择。

其次，关于修改申请参与分配的截止时间。为了避免参与分配程序设计中的冲突，

应将申请参与分配的截止时间设定在分配方案异议阶段前，即对于申请参与分配的截止时间规定为分配方案首次送达申请执行人之日。此后，再有债权人申请参与分配，法院不予受理。这样看起来似乎对于在后申请参与分配的债权人不公平，但是基于本文第三部分对于参与分配制度目的及价值的分析，法院不予受理在后申请是具有正当性的。因为参与分配本身并非债务人以其全部财产对债权人所有债权的最终性清偿，债权人的债权未受到清偿部分以及其他未参加本次参与分配的债权人的债权，并不会因为参与分配未受清偿或者未能参加到参与分配之中而丧失。相反参与分配制度明确规定："清偿后的剩余债务，被执行人应当继续清偿。债权人发现被执行人有其他财产的，可以随时请求人民法院执行。"因此，在理论层面存在债务人将来会有可供执行财产的可能，而立法层面又赋予了债权人继续要求清偿和启动强制执行程序的权利。鉴于允许分配方案异议之诉判决生效后申请参与分配者进入参与分配中，会造成因强调公正而丧失效率的情形，故设定申请参与分配截止时间后，此后申请者法院不予受理为宜。

（二）对本文所引案例的处理

出于司法机关应该依法办案和维护生效判决权威性考虑，根据《民诉解释》第509条第2款的规定，参与分配申请应当在执行程序开始后，被执行人的财产执行终结前提出。本案分配方案异议之诉判决生效后申请参与分配人，是在解释规定的申请期限内提出申请，如果这8个申请参与人也符合法律所要求的其他条件，执行法院应当依法认定其参与分配债权人地位。但是，在这8个申请人被纳入本次参与分配后，对于原分配方案，除非征得各申请人和被申请人对于按照原分配方案所确定的比例进行分配均无异议，否则只能撤销原分配方案。至于具体撤销办法，应该是在对分配方案异议之诉生效判决作出法律认定的基础上，依据程序法规定作出相应处理。比如是否将有新的债权人加入作为新的事实和证据，确认原分配方案和分配方案异议之诉生效判决错误，鉴于现行民事诉讼法对于纠正已生效裁判错误的程序规定，当事人可以考虑提起第三人撤销之诉或者提出再审申请，法院应当对于此种情况下参与分配当事人所提出的请求予以受理。还可以考虑在没能穷尽申请参与分配人的情况下，法院制作分配方案并引起后来的分配方案异议之诉，属于法院执行行为存在错误，当事人可以就执行行为提出异议，并按此程序进行处理。

［责任编辑：张田田］

·诉讼法文化·

间接强制与当代中国民事“执行难”问题的出路选择

程 林*

摘 要:本文通过对比分析现代法治国家与我国在民事间接强制执行制度指导思想、具体措施、程序设置等方面立法规定与理论基础之主要差异,提出完善我国民事诉讼立法有关执行措施的规定、设置专门的间接强制执行措施之具体建议,以期缓解直接强制执行措施无法有效解决民事“执行难”问题所带来的压力。

关键词:执行难;间接强制;执行措施

目 次

一、当代中国民事“执行难”问题的突出表现

中国社会进入转型期以来,社会信用体系的不健全与民事执行措施的不完备,逐渐催生出我国民商事司法领域的一种怪现象:一些生效法律文书确定的债务人,明明有履行能力,甚至动辄邀请友人享受饕餮盛宴,或赴境外游山玩水、一掷千金,却故意拖延,拒不履行到期债务,致使债权人生产生活难以为继,身心承受巨大压力,而执行机关竟

*程林,杭州师范大学沈钧儒法学院讲师,法学博士。

也无计可施。久而久之，这类债务人在法律上已有了特定称谓——"老赖"，并成为令债权人、执行机关乃至整个社会头痛不已的特殊群体。

"老赖"们拒不履行判决的恶劣行径，不仅给债权人的生产生活与执行机关的司法活动带来了诸多现实困扰，也为生效法律文书确定的权利义务关系之实现与被破坏的法律秩序之修复设置了人为障碍，而且也对司法公信力、司法权威提出了极大挑战，对善良风俗、道德底线给予了无情讽刺。其社会危害性之大，影响之深远，足以让人心生畏惧。

鉴于"老赖"们的行为已经造成严重后果，且听之任之必将进一步加重"执行难"的局面，导致问题积重难返，近十多年来，各级立法机关、司法机关纷纷开始采取措施，重拳出击，加以整治。

立法层面，2007年全国人大常委会第一次修订《民事诉讼法》，确立了立即执行、财产报告制度，新增了限制出境、在征信系统记录和媒体公布不履行义务信息等措施，提高了对不履行判决、裁定的个人与单位的罚款数额；2012年全国人大常委会第二次修订《民事诉讼法》，针对一些被执行人隐匿、转移财产的情况，进一步规定执行员接到申请执行书或者移交执行书，应当向被执行人发出执行通知，并可以立即采取强制措施。2010年最高人民法院公布《关于限制被执行人高消费的若干规定》，将有清偿能力但拒不履行的被执行人列入限制高消费的对象范畴，同时明确了限制高消费的范围、程序、法律责任等；2015年，最高人民法院根据形势需要，将其修改为《关于限制被执行人高消费及有关消费的若干规定》，将限制消费的范围扩大至"高消费及非生活或者经营必需的有关消费"，并将"乘坐G字头动车组列车全部座位、其他动车组列车一等以上座位等"明确列入"非生活和工作必需"的消费行为，此外还对人民法院决定采取限制消费措施的程序予以了细化完善。2013年，最高人民法院又制定《关于公布失信被执行人名单信息的若干规定》，将以伪造证据、暴力、威胁等方法妨碍、抗拒执行，以虚假诉讼、虚假仲裁或者以隐匿、转移财产等方法规避执行，违反财产报告制度，违反限制高消费令，无正当理由拒不履行执行和解协议等六种情形的被执行人纳入失信被执行人名单，并对其进行相应的信用惩戒；2017年，最高人民法院根据实践中遇到的问题，对该《规定》的内容进行了部分调整，增加了纳入失信被执行人名单的期限，细化了被执行人失信信息撤销、更正、删除的有关规定。

在司法层面，近年来全国多次开展大规模集中清理执行积案活动，上至最高法院，下至基层法院,每隔几年就要自我加压,集中火力,啃下一批疑难案、"骨头案";最近几年,各地法院更是在相关部门的配合下,频频使用"边控"撒手锏,限制"老赖"出境,或集中曝光"老赖"名单,限制其进行高消费。在执行过程中,各级法院还特别注重利用现代信息技术手段,通过网络、手机短信平台等多种方式公开执行信息。目前,最高法院早已建立完成了执行案件信息管理系统,开通了"中国执行信息公开网",并向社会开通了"全国法院被执行人信息查询平台",社会公众可通过该平台查询被执行人的基本信息。此外,还在推动包括"点对点"网络查控、执行指挥中心在内的信息化建设,通过执行信息化建设的不断推进,一方面提高执行效率,另一方面实现执行案件从立案、财产查控、处分、清偿、分配各个环节和节点的充分公开……凡此种种,其主要目的都是通过对拒不履行的被执行人处以财产或人身上的不利益,以对其形成一定程度的心理压迫,从而迫使其主动履行义务。

然而,上述多方并举的措施自实施以来,虽然在一定程度上压缩了拒不履行的被执行人之社会生存空间,但是由于其缺乏系统性和规范性,故而并未能终结"老赖"与执行机关之间"猫捉老鼠"的游戏,也并未从根本上解决"执行难"问题,相反还进一步加剧了"执行乱"现象。而随着这些措施适用广度与强度的不断增加,相关争论和质疑也开始甚嚣尘上——公布被执行人信息、限制出境、限制高消费是否涉及对人权的侵犯?对"老赖"的心理压迫,可否通过对其人身采取强制措施予以实现?如何在迅速执行与人权保障之间寻找到合适的平衡点?诸如此类,不胜枚举。

二、以民事间接强制措施化解"执行难"问题的域外经验

以迫使"老赖"主动履行为初衷,密集出台多项间接强制执行举措,且投入大量财力、物力、人力打造相关部门联动配合的落实机制,而实际效果却捉襟见肘,甚至遭遇诸多诟病,原因何在?究其根本,在于立法机关与司法机关尚未理性、深入、系统地认识此类措施之基本性质,及其所依附的理念土壤,因此也未能厘清此类措施的适用范围、基本原则、具体措施、程序设置、救济手段等理论问题,故而只能揪住眼前的棘手问题"头痛医头,脚痛医脚"。

事实上,作为确保生效法律文书确定的给付内容得以实现的一种重要手段,间接强制并非现代社会的产物,而是发端于人类社会法律制度发展的初期,有着悠久的历史传统,承载着丰富的文化内涵。在古罗马时期,著名的《十二铜表法》在第3表"债务法"

的第3条中就曾规定:“若债务人仍未自动执行法庭判决,且在受讯时无人代他解脱责任,则原告人得把他带到私宅,给他们带上足枷或手铐,其重量不轻于十五磅,而且假如愿意,还可以加重。”①此后,在由法兰克王国的习惯法和国王法令汇编而成的《萨利克法典》以及中世纪后期欧洲的民事司法活动中,也出现过通过加重对债务人的金钱处罚或占有、变卖债务人被放逐于法外的财产等手段迫使债务人履行之间接执行方式。②

及至近现代,为了应对日益复杂的执行实践,特别是解决债务人恶意拖延、逃避履行等共性问题,法、德、日、英、美等国也纷纷于法治化进程中,在继承固有执行法律传统或借鉴他国相关法律规定的基础上,创设了更为科学、合理的现代间接强制执行制度,并发展、沿用至今:法国1991年《民事执行程序法》第33条规定了“逾期罚款“制度,即“任何法官,为确保其裁判决定的执行,均可命令,甚至依职权命令逾期罚款。如具体情形表明有此必要,执行法官得对另一法官作出的裁判决定附加规定预期罚款”;德国自1877年《民事诉讼法》明确罚金、拘留等间接强制执行措施的法律地位后,又通过多次法律修订,逐渐形成了目前包括强制拘禁、强制罚款、秩序拘禁、秩序罚款、代宣誓保证、债务人名簿等多项具体措施在内的间接强制执行措施体系;③日本1979年《民事执行法》在借鉴法、德两国立法经验的基础上,创设了“支付迟延金”制度,即根据该法第172条的规定,当债务人迟延履行时,执行法院可以根据债权人的申请,在法律许可的范围内,裁定债务人支付一定数额的金钱给债权人,以从心理上迫使其尽快履行义务;英国在20世纪整合判例法诸多成果、构筑成文法体系的同时,在混合立法体例之下,以1999年《民事诉讼规则》为中心,确立了以罚款、拘留、暂时扣押财产、禁制令为主要内容的较为详细的间接强制执行制度规范;美国在1938年《联邦民事诉讼规则》中,率先确立了对特定行为的间接强制执行措施,即扣押、临时强制管理以及藐视法庭,此后,很多州都在此基础上,于各自制定的民事诉讼规则中作出了相应规范,从而推动了美国民事间接强制执行制度的建立与发展。④

西方法治国家的现代民事间接强制执行制度,虽然是在不同的经济、政治、人文环境与法律传统条件下逐渐形成的,在指导思想、基本原则、适用范围、具体措施等方面表

①虞政平:“罗马法债权理念的一般发展”,载《政法论坛》2001年第6期。

②张希孔:“从《萨利克法典》看法兰克王国初期的社会制度”,载《历史教学》1982年第8期。

③德国有关民事间接强制执行制度的立法规定,相对集中于《德国民事诉讼法》第八编有关行为请求权的执行部分,以及利用信誉压力迫使债务人清偿债务的债务人名簿制度立法中。

④沈达明:《比较强制执行法初论》,对外贸易教育出版社1994版,第75页。

现出诸多差异,但是其中体现出的普遍规律性应引起重视与思考。首先,各国对于间接强制执行措施的积极作用均持肯定态度,所以在种类设置、适用范围上也呈现出多样化、扩大化趋势。其次,在指导思想上,一般力求在迅速、完全实现债权人权利与尊重债务人人格之间寻求到平衡点,即为了迅速、完全实现债权人权利,可以运用牺牲债务人额外利益的非常手段,但应以确保债务人及其家属作为人之最低限度的生活为限,并确保债务人的人身自由处于法律的当然保护之下。最后,在具体措施设置上,主要采取金钱罚(如逾期罚款、支付迟延金)与人身罚(如拘禁)两种手段。其中,有些国家认为现代民事诉讼的基本精神无法容忍以拘押债务人来代替财产执行,间接强制应仅限于心理强制的范畴,故此将其适用范围严格控制在了金钱罚的框架之内;而另一些国家则认为,严格按照执行依据所确定的债务内容予以执行,以确保债权人的权利得以实现、司法权威得以维护,是执行制度的灵魂所在,因此纵然所采取之措施会对债务人的人格有所强制,亦在所不辞,故此金钱罚、人身罚均可成为间接强制执行之具体举措。

三、我国民事间接强制执行制度适用的历史可行性与现实困境

从我国诉讼法制发展历程来看,虽然在清末传统法制走向解体以前,明确统一的执行制度始终未能建立起来,但是对于间接强制执行措施,古代诉讼制度中却也多有涉及。如在宋代,民事诉讼中败诉的当事人若拒不履行判决,官府可处以刑惩。① 至明代,明律"违禁取利"条专门规定了对借私债违约不还的执行办法:"其负欠私债,五贯以上,违三月,笞一十。每一月加一等,罪止笞四十。五十贯以上,违三月,笞二十,每一月加一等,罪止笞五十。二百五十贯以上,违三月,笞三十,每一月加一等,罪止杖六十。并追本利给主。"即根据所借钱物多少及拖欠时间,分别处以不同的体罚,直至交还本利。此外,对于拒不履行义务的当事人,还可将其关进监狱,直至赔偿完毕,是为追监。② 上述制度的出现,对于推进民事执行程序的正常进行、保障民事权利顺利实现而言,具有非常重要的现实意义。然而,其在执行过程中带来的不可避免的刑惩手段,却也是封建法制落后的体现,因此在清末民初,随着西方民事诉讼制度的引进与实施,这些制度逐渐被抛弃、废止,并为现代民事间接强制执行制度所取代。1922 年,北洋政府

①张晋藩主编:《中国民事诉讼制度史》,巴蜀书社 1999 年版,第 94 页。
②张晋藩主编:《中国民事诉讼制度史》,巴蜀书社 1999 年版,第 170 页。

颁布的《民事诉讼执行规则》中就已明确提出,执行机关可以通过采取管收债务人、对债务人处以过怠金等措施,强制其履行债务(第88条、第89条)。

中华人民共和国成立以后,现代民事间接强制执行制度在现实司法需求的带动下,虽历经反复、发展缓慢,却也在不断充实、完善。早在1951年,沈阳市人民政府与东北人民政府司法部于其分别颁布的《沈阳市人民法院民事强制执行暂行办法》《关于加强民事强制执行的指示》中就都曾规定,对于故意拖延、隐匿财产或企图潜逃的债务人,应使其提供担保,不提供时,得加以管收,管收期间一般不超过一个月,且债务人并不因被管收而免除履行债务之义务。但此后相当长的一段时期内,间接强制执行制度并未受到重视,甚至在1982年颁布的《民事诉讼法(试行)》当中,也没有提及。直至1991年现行民事诉讼法颁布,支付迟延履行利息与迟延履行金等间接强制执行措施才正式为法律所确认。此后,最高人民法院于1992年、1998年分别颁布的《关于适用〈中华人民共和国民事诉讼法〉若干问题的意见》《关于人民法院执行工作若干问题的规定(试行)》都规定,对于只能由被执行人完成的行为,但被执行人拒不履行的,人民法院可以按照妨害执行行为的有关规定处理,即对责任人员适用拘留、罚款等措施,构成犯罪的依法追究刑事责任。至此,以支付迟延履行利息和迟延履行金、拘留、罚款为主体的间接强制执行措施体系正式建立起来。进入21世纪以后,随着“执行难”问题的不断加剧,立即执行、财产报告、限制出境、在征信系统记录和媒体公布不履行义务信息、限制高消费等多种措施又被陆续加入进来,而我国民事间接执行制度也因此得到充实与完善。

尽管在我国立法上,有关民事间接强制执行制度已规定了丰富的内容,堪与西方法治国家的相关制度相媲美,但是受传统法制观念的深刻影响,其在理念认识上,却还存在着相当严重的问题。具体而言,我国古代间接强制执行的对象,长期以来(直至清末)都是债务人的人身,即主要是通过对债务人进行刑惩、剥夺其人身自由甚至损害其健康、剥夺其生命的方式,来实现间接强制的目的,既缺乏剥夺权利范围的必要限制,又表现出手段残酷、野蛮的特点。而西方国家的间接强制执行制度在经历了最初的对人身直接强制外,至近代就已普遍发展为对债务人的部分人身权利进行限制,即在内容和范围上是对其生命权、健康权、人格权、名誉权等基本权利之外的权利予以限制或剥夺,且在强度和手段上也不包括对其人身直接进行损害或伤害。

正是由于存在此种差异,在当代中国,很多当事人、社会公众乃至立法、司法机关对间接强制执行措施都还心存疑虑，担心其适用可能导致过度侵犯人权，造成利益保护的失衡。而受此影响，立法机关在相关法律规则的设置上，也往往"犹抱琵琶半遮面"，不敢直言，以致我国现行间接强制执行制度在规范的清楚性和监督的有效性方面都很薄弱，不仅适用原则十分模糊，而且程序规则体系性、逻辑性很差，程序保障或救济规则亦严重缺失。此种背景之下，在司法实践中，执行机关也只能根据实际情况，自主选择确定的间接强制执行措施的种类、适用顺序、具体程序等，而适用效果不佳、"执行乱"频发也就难以避免。

四、对完善我国民事间接强制执行制度的具体建议

以前述对比为参照，如何在消除中国古代传统法制观念影响与吸收西方现代法律制度精神的基础上，改良我国现有的民事间接强制执行制度，值得思量。笔者认为，为了消除社会公众的思想误区，规范司法机关的执行行为，首要任务是明确间接强制执行的法律地位，同时设置以基本原则、适用程序、救济制度为主体的规范体系。具体而言，就是在整合现行《民事诉讼法》第二十一章"执行措施"相关内容的基础上，设置若干条专门的间接强制执行措施条款，放置于该章的最后部分。内容主要包括：一是被执行人拖延、逃避履行或者拒不执行的，人民法院可以根据申请执行人的申请，适用间接强制执行措施；二是人民法院接到当事人申请后，需对适用间接强制执行措施的必要性、可行性进行初步审查，并以裁定方式确定是否适用；三是对于裁定适用的，可以单独或同时适用支付迟延履行债务的利息和迟延履行金、在征信系统记录、通过媒体公布不履行义务信息、限制高消费、限制出境、不得参与社会公共事务管理、罚款等措施。若被执行人仍不履行，还可以对其进行拘传、拘留；四是被执行人在接到人民法院的裁定后，可在一周的法定期间内提出书面抗告，载明误认事实、特殊情况等理由，并由人民法院依职权调查理由是否成立以及决定是否采纳，但调查期间不停止间接强制执行措施的适用。除此以外，立法机关还应对每一项间接强制执行措施的适用条件和程序作出明确规定，如迟延履行金、罚款之数额与拘留之期限，不得参与社会公共事务管理之范围，限制出境之具体流程等。唯有从法律规范上进一步完善间接强制执行制度的具体内容，才能遏制"执行乱"问题的发生，也才能真正发挥该制度的强大优势，消除"执行难"问题的困扰。

［责任编辑：佟金玲］

·立法技术·

唐“不应得为”条逻辑与量刑研究*

陆 娓**

摘 要:“不应得为”条为唐“概括性禁律”之一,当“理不可为”且“律令无文”时适用“不应得为”条,以补律之不足。从“不应得为”立法例可见,“不应得为”无论从外在结构或是内在实质之“理”皆为其基础条款的延伸,其量刑轻重之分界亦是以基础条款为内在衡量标准。“不应得为”条的立法目的即是对基础条款延展性的保护。

关键词:《唐律疏议》;“不应得为”;事理;域化范畴;儒家治道

目 次

*本文为教育部人文社科研究项目“清代‘不应得为’律及其适用研究”(15YJC820038)的阶段性成果。
**陆娓,南京工业大学副教授,法学博士。

唐律以“律”为核心“正罪定刑”，辅之以“令、格、式”，协同管理司法乃至国家社会秩序的运作。“律”有明文规定时，则依“律”定罪；若“法无明文规定之时”，或“举重明轻”，或他文“比附”，以定刑名。但毕竟“杂犯轻罪，触类弘多，金科玉条，包罗难尽”，律令无文却又不可“轻重相明”，无文可比附时，对于“理不可为”之行为，则应“量情为罪”，以补阙律文之不足，揽获“违理”之罪行——这就是美国学者所称的“概括性禁律”之一，[①]唐代“不应得为”条。“不应得为”条自启于唐而延续至清，虽条文在叙述上有所变化，但其核心即“理不可为”以及量刑却终清未变。因此，在唐代的“不应得为”条的研究中，究竟何为“理”（事理）？何为“事理重”，何又为“情轻”，其量刑分界标准是什么？即为关切点所在。然而就“不应得为”的立法方式来看，其出现绝非孤立，而是与相关正条间存在着千丝万缕的关联，因此从两者关联中去寻找“理”与量刑标准则更为适宜。

一、唐“不应得为”条总条释义

《唐律疏议》中“不应得为”罪的律文共29条42处，其中总则性条款一条，编于《杂律》之中最后一条，称为“不应得为”条。其余28条为具体犯罪行为的条款，皆出现在“疏议”中，其中三条出现在“疏议”后的“答曰”中，亦可得知，虽总则性条文早已列出，但是具体的行为界定尚待永徽年间编定《律疏》后，才予以定制。

《唐律·杂律》“不应得为”条规定：

> 诸不应得为而为之者，笞四十。谓律令无条，理不可为者。事理重者，杖八十。
>
> 疏议曰：杂犯轻罪，触类弘多，金科玉条，包罗难尽。其有在律在令无有正条，若不轻重相明，无文可以比附。临时处断，量情为罪，庶补遗阙，故立此条。情轻者，笞四十。事理重者，杖八十。

试从上文中剖析“不应得为”条的适用原则，或为：

第一，“不应得为”条仅针对不符合“事理”的“杂犯轻罪”。“疏议”中云“杂犯轻罪，触类弘多”，唐律以“一主刑一条”为立法模式，一个条文中规定一个基础条款[②]，后加以疏议，通过比附类推等立法手段推理出其他罪名或量刑，以补基础条款之不足。但即便是“金科玉条”，也“包罗难尽”，如事事立法，律文则会变得臃肿不堪，“文书盈于几

①［美］德克·布迪、克拉伦斯·莫里斯：《中华帝国法律》，江苏人民出版社2008年版，第420页。

②钱先生在其书中将此类刑名称为“基础罪名”及“基础刑”，在此基础上，本文将规定“基础罪名”及“基础刑”的条款称为“基础条款”。参见钱大群：《唐律研究》，法律出版社2000年版，第135页。

阁，典者不能遍睹”，因而违背了“伦理义务或基本生活秩序”的“杂犯轻罪”，则由“不应得为”条进行兜底惩处。①

第二，适用“不应得为”条的前提为律令中无有正条。唐律仅有502条，条文有限，而“事伪无穷”，因此立法者于律中设置“轻重相举”“引律比附”等类推方法，以使有限的条文尽可能地适用于无限的情事之中：首先，立法者通过“疏议”对该“基础条款”予以解释与衍生；其次，当律中无文时，与性质相同的罪名以“轻重相举”，抑或是通过条文与罪名间相互比附，以定罪量刑②；最后，若法条无文，因未“制定轻重标准，就没有可比附的条文”③，故适用“不应得为”条，按照罪行的轻重程度量刑，以达到“庶补遗阙”之效用。

第三，“不应得为而为之者”的量刑有两种，一是“笞四十”，二是“杖八十”。《疏议》有云：“笞者，击也，又训为耻。言人有小愆，法须惩诫，故加捶挞以耻之。”又云：“国语云：‘薄刑用鞭扑。’书云：‘鞭作官刑。’犹今之杖刑者也。”由此可见，笞刑是以羞辱以达惩戒目的，而杖刑已是一种“薄刑”。两者皆为轻刑，以惩戒轻罪。而为何会选择“笞四十”与“杖八十”？这两个特定的量刑数量又是否暗藏玄机？笔者试从笞杖量刑各等级使用频率进行分析，由表1可见。

表1　唐律各笞杖刑出现频率

刑种	笞十	笞二十	笞三十	笞四十	笞五十	杖六十	杖七十	杖八十	杖九十	杖一百
律中使用次数	39	36	86	122	132	137	55	138	75	418

可见《唐律》立法者在量刑中，对这十等刑并不是平均适用，立法者似乎对某特定量刑具有独特的偏好，笞刑中以笞三十至笞五十使用最多，杖刑中以杖六十、杖八十与杖一百使用最为频繁，而巧合的是，“笞四十”与“杖八十”恰好都是两类适用较为频繁量刑的中间“等”，不偏不倚，列于中庸，符合儒家之维，又似与律文中“杂犯轻罪”相映而合。

①黄源盛：《汉唐法制与儒家传统》，元照出版有限公司2009年版，第222页。

②唐律中虽未明确规定“比附”的方式，但唐律中6次出现了“比附”的字样，在疏议中使用比附对新增罪行进行定罪量刑者也是不胜枚举。而相较于“不应得为”，如新罪行可适用比附者，则以比附为先，“不应得为”在后。如《诈伪》“对制上书不以实”条中，疏议内补入“若被官司责罚，情在咆哮，或有因斗忿争，欲相恐迫，口虽告密，问即不承，既无文牒入司者”以“不应为重”惩处。而其后又接着补入“其有已陈文牒，问始承虚；或口称有密，言辩仍执，于后承妄者”的新罪行，却引用比附，依照“并同未奏减一等，徒二年”定罪量刑。

③钱大群：《唐律疏议新注》，南京师范大学出版社2007年版，第918页。

因此,“不应得为”条可总结为:由基础条款衍生之法律行为,为“事理”所不容,而法律中无明文规定,又无法运用当时的立法技术予以比附或轻重相举者,定“不应得为”罪。换言之,首先,在立法实体层面,该衍生行为是否符合“事理”为其是否为罪的唯一界定标准;其次,在确定其需定罪后,再观于立法技术层面的可行性,若无文可定,且不可比附类推,则定为“不应得为”罪。

二、“不应得为”条的外在逻辑结构

《杂律》“不应得为”条确立了“不应得为”定罪量刑的基础性规则,但由于“事理”一词的模糊性与“轻重”之别的主观性,要清楚地了解其适用准则,应当于司法实践中寻找答案。然而现存有关唐律“不应得为”条的案例文献微乎其微,其数量与内容不足以准确地对“不应得为”条的适用准则予以界定。但幸运的是,唐律中除《杂律》中的基础性条款外,尚有以“不应得为”定罪的法例,从立法者的角度阐释了“不应得为”条适用标准和立法模式。

唐律中以“不应得为”定罪的条文共有28条41处,且这41处皆出现在“疏议”之中,而疏议的主要功能是对基础条款的解释与补充,那么存在于疏议中的“不应得为”法例自然也是对基础条款的补充。通过对41处“不应得为”法例的梳理不难发现,41处有着相似的立法规律与方式:一是对基础条款罪刑的补充,二是对基础条款罪刑的变形,具体详述如下。

(一)对基础条款罪行补充

1. 条件不符型补充

在此种条款中,若基础条款罪行的某一构成要件在数量或是程度上达不到法定要求,或基础条款中有相关规定,但未给其定罪的情况下,立法者将该种行为定为“不应为”罪。如前文所述“擅发兵”中的规定,再如《擅兴律》“拷囚限满不首”条规定“诸拷囚限满而不首”者,应“取保并放”。若“不取保放者”显然不符合“取保并放”的法定要求,“于律有违”,律虽有行为规定,却无制罪之条,以“不应为重”处之(若令有行为规定而律无制罪之条,则适用“违令”条)。

2. 条件缺失型补充

此立法方式亦分为两种,一种为在基础条款的范围内的补充,即基础条款在犯罪行为1的情况下,规定了两个犯罪主体(或犯罪对象、目的),并各自定刑;但在犯罪行为2的情况中,仅规定了其中一个犯罪主体(或犯罪对象、目的)的量刑,这样另一个犯罪主体(或犯罪对象、目的)即以“不应为”罪为补充进行量刑,前律文犯罪条件保持一致。

如,《唐律·捕亡》“官户奴婢亡”条规定:

诸官户、官奴婢亡者,一日杖六十,三日加一等。部曲私奴婢亦同。……诱导官私奴婢亡者准盗论。仍令备偿。

在基础条款的第1条中,其犯罪主体为官户、官奴婢、部曲与私奴婢,但是在第4条诱导罪的犯罪对象中,仅涉及官私奴婢,而未对诱导官户和部曲逃亡的行为定罪量刑,为与前文条件相对应,在疏议中特对“诱导官户、部曲亡者”定“不应得为从重”处罚,以补基础条款中不足。

另一种则是超出了基础条款的范围,以整个唐律为参照系,如若之后某律文的规定是以之前某一律文为基础或与之相关,而前律文已规定了相应的犯罪要件,而之后的律文却仅规定了其中某一要件而忽略其他,为保持正本律文的完整性,对于缺失的条件通过“不应为”对其定罪量刑。如《贼盗律》“口陈欲反之言”中规定:“诸口陈欲反之言,心无真实之计,而无状可寻者,流二千里。”此条文中对“谋反”这一犯罪行为进行了扩大化的惩治,在“十恶”中亦有“谋大逆”与“谋叛”行为,三者被作为违反皇权统治的极端罪行,在律文中经常被并起提及。因此在律文中,对“口陈欲逆、叛之言,勘无真实之状”的行为通过“不应为”定罪,以保持前后文的统一。

(二)对基础条款罪行的变化(非条件不符型)

除以上补充形式外,还包括对基础条款某一构成要件,如犯罪主体、犯罪对象等进行适当变化,是主体或对象发生了整体性的改变,而非仅在数量条件上的变化(前述条件不符型补充),因律令无文,而以“不应得为”惩处的方式;或是以基础条款为基础,仅在某一关键要件上与基础条款相同,类推至另一犯罪行为的方式。主要包括以下几种类型:

一是犯罪主体的变化。即在其他要件皆未变的情况下,犯罪主体改变的情形。如《擅兴律》“私使丁夫杂匠”条基础条款规定,“计庸重者”,“监临官”依“役使所监临”定罪,其主体为“监临官”,若“私使丁夫杂匠”“计庸重者”两要件不变,而主体换为“非所监临官”时,因律令无文,则依“不应得为”条定罪。

二是犯罪对象的变化。此类较典型情形为犯罪对象性质上的轻重变化,即以基础条款犯罪对象为基准,在其性质上适当减轻。如《贼盗律》“盗毁天尊佛像”基础条款中对于“道士、女官”“盗毁天尊像”及“真人像”“僧尼”“盗毁佛像者”及“菩萨像”的行为予以了规定,但佛、道二教所奉“先圣形象”显然不限于以上几种最具代表性的形象。如犯罪主体与行为不变,仍为“道士、女官”及“僧尼”实施“盗毁”行为,而对象变更为除基础条款中的“余像者”“若化生神王之类”,则以“不应得为”惩处。

三是在基础条款基础上,保留关键要件,其余要件皆不相同。如《诈伪律》“对制上书不以实”条规定:“对制及奏事上书”时,并没有“谋反、谋大逆、谋叛”等密事而“妄言有密者”,欺诈不实者,徒两年半,“未奏者”减一等处徒两年。该条入于《诈伪律》中,因此“诈”为关键要件之一,再加上“告密”行为,故“妄言有密”为基础条款的关键要件。疏议中将“若被官司责罚,情在咆哮,或有因斗忿争欲相恐迫,口虽告密”,但“问即不承,既无文牒入司”的行为补充入内,该行为无论是在主观要素还是情节皆不相同,仅在“妄言有密”这一关键情节上相同,因律无正条,以“不应为”处之。

从上述可见,41 处立法例的构成模式都清晰地勾勒出同一条线索:即疏议中的基础条款是“不应得为”法例的核心,“不应得为”法例是在基础条款的基础之上演变而来。“对基础条款罪行补充”型“不应得为”法例是在考虑法条完整性的基础上,针对基础条款本身缺失的一种更为紧密和典型性的补充;而“对基础条款罪行的变化”型法例则是以“事”聚“类”的补充,如“养杂户为子孙”基础条款为规定良人养杂户或官户的情形,而所衍生出的“不应得为”法例则是对杂户官户相养行为的惩治,所“养”之事相同,而犯罪主体不同。然唐律本身即以“一事一条”为立法特点,在主罪行的基础上扩展至同类但不同种的其他主体或对象等构成要件上,如“谋杀期亲尊长”条中主罪行为“谋杀期亲尊长”,后又扩至“谋杀缌麻以上尊长者”的行为。因此,此种“以事聚类”的补充符合唐律的立法规律,仍旧是对基础条款的扩展与补充。所以“不应得为”法例是以基础条款为中心的补充性条款,借用费孝通先生在《乡土中国》一书中的比喻,基础条款就如同投入河中的石子,而“不应得为”法例就像石子一圈圈被推出去的波纹,有的与基础条款的关系颇为亲密——如条件不符型补充仅是在某一要件的程度上发生变化;但有的确较为疏远——如某些条款仅是关键要件与基础条款相同。

另 41 处立法例除“违律为婚离正”与“拷囚限满不首”条属于违反律之“应然”规定,无可比照罪刑轻重外,其余立法例的罪行皆为在基础条款罪刑上的“降等”,如“镇所放征人还”基础条款中“一日”的标准为“经宿”,“不经宿者无罪”,若“经宿不满一日”则以“不应重”罪之,为在犯罪时间条件上的“降等”;再如,“长吏辄立碑”条为对

“在官长吏实无政迹，辄立碑者”及“妄称己善，申请于上”的规定，其“不应得为”立法例则对“官人不知”“百姓自立及妄申请”的情形加以了补充规定，为犯罪主体上的“降等”，然而不论是犯罪时间或是主体的改变，正是因为“降等”而使得新罪行的社会危害性小于基础条款罪行的危害性。而这种由重及轻的变化，却恰好与“不应得为”条中“杂犯轻罪，触类旁多”相互印证，揭示出“不应得为”立法例是以基础条款为中心拓展出的“轻罪”的立法特质。然而这种表面构成要件上的紧密联系，是否会蕴含着更深层次的必然性与逻辑性呢？下文试述之。

三、“不应得为”条的内在逻辑关联

中国传统法典皆以绝对确定的法定刑为特征，唐律亦然，并呈现出如下的立法模式：每个条文都有一个核心犯罪行为，在对核心犯罪行为加以规制后，以其为中心不断扩大加以规定，使得每个行为都有其对应的确定刑罚。永徽年间补编疏议，对原正文进行疏解及补充，虽其效力与原正条无异，但是在立法时却完全尊重原正条中“断罪不具引律令格式”及“断罪无正条”等司法审判中的要求，在对原正文予以进一步补充时，运用“轻重相举”“比附”及“不应得为”条三种司法实践技巧，根据现实需要补充新的罪刑，弥补了原正条中绝对确定法定刑无法变通的缺陷。因此，不论是利用“轻重相举”“比附”技术或是适用“不应得为”条所补充的新罪，从立法模式上看，都是在基础条款之上的延伸。但这仅是外在的联系，那么其是否会存在内在关联，试以两例析之。

《唐律·户婚》“养杂户为子孙”规定：

> 诸养杂户男为子孙者，徒一年半；养女，杖一百；官户，各加一等。与者，亦如之。
>
> 疏议曰：……杂户养官户或官户养杂户，依《户令》：“杂户官户皆当色为婚。”据此，即是别色准法不得相养，律既不制罪名，宜依不应为之法，养男从重，养女从轻。

在唐代的社会中良贱之间泾渭分明。在官有官贱民，在家内有私贱民，而官贱民又分为官奴婢、官户、杂户、工乐及太常音声人等。私贱民又分为私奴婢、部曲、客女、随身等。[①] 各等色之间不可僭越，需“当色自相养”和“为婚”，基础条款中禁止养杂户与官

①黄现璠：《唐代社会概略》，商务印书馆1936年版，第11页。

户，即是防止“破坏良人与奴贱间的等级界限”这一“法理”的体现。既然“当色”需“自相养”，那么除基础条款的良人不可养杂户、官户外，杂户官户之间亦不可相养。《户令》中规定：“杂户官户皆当色为婚”，也坐实了“别色准法不得相养”这一规定，符合“等级界限”不可破这一“法理”。由于《户令》为“当色为婚”的规定，非“相养”，故“杂户与官户相养”不可适用“违令”条而适用“不应得为”条。所以，“杂户与官户不可相养”这一“不应得为”法例在形式上是基础条款的延伸，其实质上是基础条款“法理”的再次体现，因此“法理”作为连接线串联于基础条款与“不应得为”法例之间，成为内在的贯穿点。

这种内在的连接，不仅在同一条款中有所显现，同一篇的不同法条，甚至不同篇目的法条中皆有所体现，如：

《职制律》“匿父母夫丧”条规定：

诸闻父母若夫之丧，匿不举哀者，流二千里；丧制未终，释服从吉，若忘哀作乐，自作遣人等。徒三年；杂戏，徒一年；即遇乐而听及参预吉席者，各杖一百。（基础条款1）

疏议曰：父母之恩，昊天莫报，荼毒之极，岂若闻丧。妇人以夫为天，哀类父母。闻丧即须哭泣，岂得择日待时。

……

闻期亲尊长丧，匿不举哀者，徒一年；丧制未终，释服从吉，杖一百；大功以下尊长，各递减二等；卑幼，各减一等。（基础条款2）

疏议曰：……

问曰：闻丧不即举哀，于后择日举讫，事发，合得何罪？（扩展问答1）

答曰：依《礼》“斩衰之哭，往而不返，齐衰之哭，若往而返，大功之哭，三曲而偯，小功缌麻，哀容可也”。准斯礼制，轻重有殊，闻丧虽同，情有降杀。期亲以上，不即举哀，后虽举讫，不可无罪。期以上从“不应得为重”；大功，从“不应得为轻”；小功以下，哀容可也，不合科罪。若未举事发者，各从“不举”之坐。

又问：居期丧作乐及遣人作，律条无文，合得何罪？（扩展问答2）

答曰：《礼》云：“大功将至，辟琴瑟。”郑注云：“亦所以助哀。”又云：“小功至，不绝乐。”丧服云：“古者有死于宫中者，即三月为之不举乐。”况乎身服期功，心忘宁戚，或遣人作乐，或自奏管弦，既玷大猷，须加惩诫，律虽无文，不合无罪。从“**不应为**”之坐：期丧从重，杖八十；大功以下从轻，笞四十。缌麻、卑幼，不可重于“释服”之罪。

为使本条关系更为清晰，笔者将基础条款1、2进行拆解，与扩展条款1、2进行比较：

基础条款1：

闻父母若夫之丧（假定条件1）+匿不举哀（行为模式1）以及

父母若夫丧制未终（假定条件2）+释服从吉、若忘哀作乐、杂戏、即遇乐而听及参预吉席（行为模式2）

基础条款2：

闻期亲尊长、大功以下尊长、卑幼丧（假定条件1）+匿不举哀（行为模式1）以及

期亲尊长、大功以下尊长、卑幼丧制未终（假定条件2）+释服从吉（行为模式2）

拆解后不难发现，基础条款1、2是对于违反亲属间服丧制度行为的规定，体现了对"丧"之"礼"——这一"法理"的维护。两个条款除亲属身份不同外，假定条件1、2与行为模式1完全一致，唯独在行为模式2中，基础条款1的范围显然大于基础条款2的范围，因此从法条的完整性上来看，如发生了期亲尊长、大功以下尊长、卑幼丧制未终，行为人却忘哀作乐的行为，应当如何处理呢？以及若出现其他违反亲属间丧制行为应如何定罪量刑？

实际上对于"闻丧匿不举哀""居丧释服从吉、忘哀作乐"在《名例律》"十恶"的"不孝""不义"中已有原则性的规定，"十恶"条曰："父母之恩，昊天罔极。"（"恶逆"）尊父母因"恩"，"善事父母曰孝。既有违犯，是名'不孝'"。（"不孝"）"礼之所尊，尊其义也""元非血属，本止以义相从""夫者，妻之天也"，敬夫君因"义"，"背义乖仁，故曰'不义'"（"不义"）。一为"恩"、一为"义"，皆为"礼义"之属。"依《礼》：'闻亲丧，以哭答使者，尽哀而问故'"（"不孝"），更何况"恩义既崇"，所以"闻丧即须号恸"，若"有匿哀不举，居丧作乐，释服从吉，改嫁忘忧，皆是背礼违义，故俱为十恶"（"不义"）。可见，因"礼之义"（恩义）而必须遵从"礼之仪"（丧礼），若有违反，则为律中之"十恶"。但"十恶"毕竟为原则性条款，其仍需要具体化至各个条款，将"法理"渗透至具体条款中，以治罪刑。本条即为"不孝""不义"相关行为的具体化。

对于闻父母夫丧匿不举哀及居丧释服从吉、忘哀作乐的行为，基础条款1的疏议解释道："父母之恩，昊天莫报，荼毒之极，岂若闻丧。妇人以夫为天，哀类父母。闻丧即须哭泣，岂得择日待时。"其与"十恶"中解释如出一辙，可见联系之紧密，也是"十恶"法理在具体条款中的重申。

既然闻丧应“即须哭泣”，那么“闻丧不即举哀，于后择日举讫”的行为是否需做处罚呢？对此，扩展问答1中给出了解答，“依《礼》‘斩衰之哭，往而不返，齐衰之哭，若往而返，大功之哭，三曲而偯，小功缌麻，哀容可也’”。可见，大功以上亲，不仅应及时举哀，而且应当哭到一定的程度与节奏，此为“礼制”，惩治“择日举讫”行为的合法性立刻明了，与基础条款的“法理”相同，皆为维护“丧礼”的需要。因律无文，以“不应得为”条罪之。

对于居除父母及夫外亲丧，忘哀作乐的行为，扩展问答2援引《礼记·杂记》中云：“大功将至，辟琴瑟。”郑注云：“亦所以助哀。”又云：“小功至不绝乐。”即“见身有大功亲丧的人前来，要停止音乐并搬开琴瑟”①，小功丧服的人来访，则不必停止奏乐。可见，对身有大功亲丧的他人尚需收起乐器，对自身期亲丧更应如此。同时援引《礼记·丧服》云：“古者有死于宫中者，即三月为之不举乐。”以证明居丧与作乐不可共存。唐律以“一准乎礼”而著称，其在多处引《礼》《诗》等经典对律文含义予以解释和论证，本处亦是如此。从疏议所引《礼》的内容来看，对于期亲丧，是否可以作乐的行为，虽然在《礼》中未明确写出，但根据《礼》中相关描述可自然推断出，居期丧作乐有悖于“礼”之“大猷”，不符合“丧礼”的要求，与基础条款的“法理”相悖，“既玷大猷，须加惩诫，律虽无文，不合无罪”，故引“不应得为”条予以惩治。这一违背基础条款“法理”的扩展行为通过“不应得为”条予以规制，基础条款的“法理”得到了进一步的保护。

从上述两例可见，外在形式上，“不应得为”法例是以基础条款为中心，在基础条款的构成要件基础上进行变化，从而衍生出的新罪刑条款；而在内在实质上，新罪行之所以被冠以“不应得为”的罪行而予以惩罚，就是因为其违背了“法理”，而该“法理”与基础条款的“法理”是一致的。再回溯至“不应得为”条，其适用条件为：“律令无条，理不可为者”，从条文可知，“理”即为“事理”，而“事理”的含义在律文中并未有交代。若“不应得为”条为行为人违反“事理”时方可使用，而上述两例中的“不应得为”行为所违背的显然为“法理”，且观之唐律41处“不应得为”法例皆是如此，因此“不应得为”法例中的“事理”皆为“法理”，且皆为基础条款的“法理”。

四、“不应得为”条的量刑规则

《唐律·杂律》“不应得为”条规定为：“诸不应得为而为之者，笞四十。谓律令无

①钱大群：《唐律疏义新注》，南京师范大学出版社2007年版，341页。

条,理不可为者。事理重者,杖八十。”也就是说,一般情况下是笞四十,事理重者,杖八十。如前文所述,“不应为”是对基础条款的补充,它的立意与基础条款保持一致。“不应得为”的量刑是否也会与基础条款的量刑有关?根据此推理模式,笔者对律中“不应得为”条款进行了梳理,发现其量刑皆与基础条款相关,并依基础条款量刑方式的不同而区分为三种模式:一是基础刑为确定刑的量刑方式,二是基础刑为浮动刑的量刑方式,三是依照犯罪对象身份而分的量刑方式。

(一)以基础条款的确定量刑而分

当基础刑为一确定刑时,“不应得为”的量刑以该确定的刑罚为参照,并依某一标准,确定“不应得为”轻重量刑。29个条文中有19条都符合此种规律,具体请见表2。

表2 以确定的基础刑为参照量刑的条款

序号	条文	基础条款	基础条款量刑	不应得为条款	不应得为量刑
1	《唐律·卫禁》“向宫殿射”	向宫内射箭	徒两年	向宫殿射,应及而未及	杖八十
2	《唐律·卫禁》“宫门等冒名守卫”	宿卫人以非宿卫人冒名自代或代之	流三千里	未至职掌处,未入宫门	杖八十
				未至职掌处,宫外宿卫	笞四十
3	《唐律·职制》“匿父母夫丧”	闻期亲尊长丧	徒一年	闻期亲丧,匿不举哀,择日举讫	杖八十
		大功减二等	杖九十	闻大功丧,匿不举哀,择日举讫	笞四十
4	《唐律·职制》“长吏辄立碑”	官员辄立碑	徒一年	百姓辄立碑	杖八十
5	《唐律·户婚》“养杂户为子孙”	良人养杂户,养男	徒一年	杂户或官户互养,养男	杖八十
		良人养杂户,养女	杖一百	杂户或官户互养,养女	笞四十
		主养部曲、奴为子孙	杖一百	主养客女、婢为女	笞四十
6	《唐律·户婚》“放部曲为良”	放部曲为良,已给放书,却压为部曲	徒一年	部曲娶良人女为妻,夫死服满却不放	杖八十
		威逼	杖一百	良人女压留为妾,有威逼	杖八十
7	《唐律·户婚》“以妻为妾”	以妻为妾	徒两年	以媵为妾	杖八十

续表

序号	条文	基础条款	基础条款量刑	不应得为条款	不应得为量刑
8	《唐律·户婚》"居父母丧主婚"	居父母丧,主婚	杖一百	居夫丧,主婚	杖八十
		居父母丧,主婚	杖一百	居父母丧,媒合	杖八十
		居夫丧,主婚	杖八十	居夫丧,媒合	笞四十
9	《唐律·户婚》"违律为婚离正"	判离不离,从奸法	徒一年半	赦后须离仍不离	杖八十
10	《唐律·厩库》"犬杀伤畜产"	故放杀伤他人畜产者,以故杀伤论	徒一年半	两主放畜产,而有杀伤	杖八十
11	《唐律·擅兴》"镇所放人还"	从军征讨而亡者,一日	徒一年	从军征讨而亡,经宿未满一日	杖八十
		镇人在防未满而亡,一日	杖八十	镇戍在防未满而亡,经宿未满一日	笞四十
12	《唐律·擅兴》"私有禁兵器"	私有禁兵器	徒一年半	私有旌旗、幡帜及仪仗	杖八十
13	《唐律·擅兴》"私使丁夫杂匠"	监临官私使在役丁夫、杂匠,准盗论	杖六十	非本部官员私使在役丁夫杂匠	笞四十
14	《唐律·贼盗》"口陈欲反之言"	口陈欲反之言,无真实之计,无状可寻	流两千里	口陈欲逆、叛之言,无真实之状	杖八十
15	《唐律·贼盗》"盗毁天尊佛像"	盗毁真人、菩萨	徒两年半	盗毁其余像者	杖八十
16	《唐律·诈伪》"对制上书不以实"	非密而妄言有密	徒三年	情急之下,口虽告密,问即不陈	杖八十
17	《唐律·诈伪》"诈疾病有所避"	故自伤残者	徒一年半	故自伤,不成残疾以上	杖八十
18	《唐律·诈伪》"父母死言余丧"	诈称父母死求假及有所避	徒三年	嫌恶前人,妄告父母生死	杖八十
19	《唐律·捕亡》"官户奴婢亡"	诱导官私奴婢亡,准盗论	徒一年	诱导官户、部曲亡者	杖八十

从表2可得,基础刑的量刑由"杖六十"至"徒三年"不等,"不应为"行为的量刑皆轻于基础条款,或者说"不应为"条款皆在基础条款的基础之上做了相应的减少。表格中的第1、2(1)、3(1)、4、5(1)、6(1)、7、9、10、11(1)、12、14、15、16、17、18、19条所对应的"不应为"条皆为"不应为重"即"杖八十",基础条款的量刑则是从"徒一年"至"徒三

年”不等;而第3(2)、5(2)、5(3)、8(3)、11(2)、13条所对应的“不应为”条皆为“不应为轻”即“笞四十”,基础条款的量刑则是从“杖六十”至“杖八十”不等。

由此,似可得出以下规律:若基础条款的量刑为“杖一百”以上(不包括杖一百),则“不应为”量刑为“杖八十”,即“不应为重”;而若基础条款量刑在“杖一百”以下,则“不应为”量刑为“笞四十”,即“不应为轻”。那么,不禁让人联想:或许立法者在判断“不应为”行为究竟为“事理重”抑或是一般情况时并非临时而断,或仅是孤立地考虑该行为“违理”情节的轻重,其实立法者只是简单地紧跟着基础条款的量刑,以基础条款的量刑轻重作为“不应为”量刑的参照标准,高于“杖一百”的自然为重,低于“杖一百”的自然为轻。似乎在唐律的立法中以“杖一百”为界,将罪行轻重进行分野。如前文表1中所示,“杖九十”在律中出现75次,而“杖一百”却陡然直升至418次,同样“徒一年”在律中出现596次,而“徒一年半”则降为166次,这种适用频率的曲线升降或并不是一种巧合,而是立法者认为“杖”“徒”之别就是罪的“轻”“重”之别。

(二)以基础条款的浮动量刑而分

除上述分类方式外,其“不应得为”的量刑还可依据基础条款的浮动量刑为参考,如《唐律·职制》“贷所监临财物”规定:

> 官人不知剩利之情,据律不合得罪。所为市者,虽不已,既有剩利,或强卖买,不得无罪,从“不应为”;准官人应坐之罪,百杖以下,所市之人从“不应为轻”,笞四十;徒罪以上,从“不应为重”,杖八十。仍不得重于官人应得之罪。

从上文可知,当官人遣人为市易,而市易之人卖买有剩利,官人因不知情而无罪,但“所为市者”“准官人应坐之罪”,百杖以下为轻,徒罪以上为重,但“不可重于官人应得之罪”①。本条“不应得为”的行为以基础条款中官员的行为作为参照予以量刑,但此处官员量刑并非一个确数,而是一个依据计赃数量从笞五十至流两千五百里的浮动数(参见《职制律》“受所监临财物”条),故相关“不应得为”罪行以百杖为界进行轻重量刑。

与此相似的条文还包括《贼盗律》“知略和诱强窃盗”、《诈伪律》“证不言情”、《断狱律》“拷囚限满不首”,具体请见表3。

---

①“官人应坐之罪”为条文所述“官人于所部卖物及买物”有剩利时之罪,此类犯罪以“乞取监临财物论”,依“受所监临财物”条论罪。

表3　以浮动的基础刑为参照量刑的条款

条文	所参照基础条款	不应得为条款	量刑
《唐律·职制》"贷所监临财物"	官人买卖有剩利,以乞取监临财物论	买卖有剩利,官人不知,所为市者,准官人应坐之罪,百杖以下从轻	笞四十
		徒罪以上从重	杖八十
《唐律·贼盗》"知略和诱强窃盗"	除盗外犯赃所应惩之罪	流以上从重	杖八十
		徒以下从轻	笞四十
《唐律·诈伪》"证不言情"	证人所证及译人所译犯罪行为	刑名未定而知证译不实者,止当不应为法:证译徒罪以上从重	杖八十
		杖罪以下从轻	笞四十
《唐律·断狱》"拷囚限满不首"	该囚所定罪名	不取保放者,流以上从重	杖八十
		徒罪以下从轻	笞四十

表3中"不应为"犯罪均有一个明文规定的参照系罪名,且该参照系的量刑皆是一个浮动的量刑,这样才可依照一定的临界点将其进行轻重量刑,如"百杖"与"流"、"流"与"徒",分别以"不应为重"与"不应为轻"量刑。

但是为何有的刑罚以"杖"与"徒"分类量刑而有的刑罚却以"流"与"徒"分类量刑?这会不会与浮动量刑的域限范围有关?试看上文所举"贷所监临财物"中的条文,其以"乞取监临财物"为参照,而其量刑范围为笞五十至流二千五百里,故以"杖""徒"为轻重标准。再如"证不言情"条文中的"不应为"罪行,其参照的基础刑罚为"证人所证及译人所译犯罪行为之刑罚",条文中已写明犯罪主体为"应议、请、减,七十以上,十五以下及废疾",此类人犯罪实行"众证定罪",因此证人的言辞极为关键,故设此罪名。而此类人犯罪,法律中规定,如为死罪则需上请,流罪以下减一等处罚。事实证明,依照《唐律》"一准乎礼"的精神,"上请"的结果多为减轻刑罚,因此此类人犯罪的最高量刑多为流刑,也就是说其量刑的浮动区间与前"乞取监临财物"相同为笞刑至流刑,故而也仍是以"杖"与"流"为标准划分量刑。与此不同的是"知略和诱强窃盗"与"拷囚限满不首"中"不应为"罪皆以"徒"与"流"为划分,"流以上从重""徒罪以下从轻"。如表3所见两个条文中,"不应为"的参照基础条款的罪行分别为"除盗外犯赃应惩之罪"与"该囚所定罪名",前文中对于"除盗外其余犯赃"的两种可能的解释已详述,为"略、和诱人及略、和诱奴婢"所得之赃,或是"六赃"中除盗赃外其余四赃,不管为何种解释,其量刑的幅度皆为笞刑至死刑,应而以"流"与"徒"作为分界轻重量刑;而从"拷囚限满不首"条规定如为"被杀、被盗之家",若拷囚限满,是无须"反拷告人",由此可知"该囚所定罪名”包括了“杀”与“盗”，而“杀”与“盗”在唐律中属重罪，量刑最高可至死刑，因此“该囚所定罪名”的量刑幅度为笞刑至死刑，与前相同。从上可知如法律中规定量刑标准为“杖”“徒”分界，则所参照的基础条款量刑幅度为笞至流刑；当其为“流”“徒”分界时，基础条款的参照系幅度为笞至死刑。也似乎亦与前文所述的“以基础条款为参照量刑的规律”似有符合。这种逻辑严密的立法方式，反映出了唐代立法技术的进步，不得不让后人兴叹与敬佩。

（三）以身份高低为标准而分

除以上两种分类标准外，“不应得为”量刑中还存在着以身份高低为标准的分类方式。如《唐律·斗讼》“教令人告事虚”规定：

即教令人告缌麻以上亲，及部曲、奴婢告主者，各减告者罪一等；被教者，论如律……

教人部曲、奴婢告主期亲以下，虽无别理，亦合有罪；教告主期亲及外祖父母者，科“**不应为重**”；教告主大功以下、缌麻以上，科“**不应为轻**”，虽无正文，比例为允。

在基础条款中对“教令人部曲、奴婢告主”的量刑进行了明确的规定，但是对于“教人部曲、奴婢告主期亲以下”的行为“虽无别理，亦合有罪”，但因律中无明文规定，故以“不应得为”治罪，将所教告的对象身份依照“五服”分为“期亲及外祖父母”“大功以下缌麻以上”两类，并依此两类将量刑进行轻重划分，“比例为允”①。唐律中与亲属相关犯罪常以“五服”为标准定罪量刑，为唐律“一准乎礼”的典型体现。

除“教令人告事虚”条外，以身份为标准量刑的条文还包括《职制律》“匿父母夫丧”、《户婚律》“居父母丧主婚”、“养杂户为子孙”三个条文，具体请见表4。

表4　以身份为参照量刑的条款

条文	基础条款	基础条款量刑	“不应得为”条款	“不应为”量刑
《唐律·职制》“匿父母夫丧”	闻期亲尊长丧	徒一年	闻期亲丧，匿不举哀，择日举讫	杖八十
	大功减二等	杖九十	闻大功丧，匿不举哀，择日举讫	笞四十

①“教令人告事虚”条为规范教唆告诉犯的条文，因此其量刑与《斗讼》律中各“告诉”条量刑密切相关，查《斗讼》“部曲奴婢告主”条中将奴告主亲属的罪行分为“告主之期亲及外祖父母”、告主“大功以下”两类量刑，因此教唆奴告主亲属的犯罪中，以大功为分界量刑，应是依前“部曲奴婢告主”条分类而来，其刑等也为“告主期亲以下”亲属行为的量刑的基础。

续表

条文	基础条款	基础条款量刑	“不应得为”条款	“不应为”量刑
《唐律·户婚》“居父母丧主婚”	居父母丧,主婚	杖一百	居父母丧,媒合	杖八十
	—	—	居夫丧,媒合	笞四十
《唐律·户婚》“养杂户为子孙”	良人养杂户,养男	徒一年	杂户或官户互养,养男,从重	杖八十
	良人养杂户,养女	杖一百	杂户或官户互养,养女,从轻	笞四十
《唐律·斗讼》“教令人告事虚”	告主期亲及外祖父母	流刑	教告主期亲及外祖父母者科不应为重	杖八十
	告主大功以下缌麻以上亲	徒一年	教告主大功以下缌麻以上科不应为轻	笞四十

从表4可见得,“不应得为”轻重量刑分界标准有以下几类:第一,亲属犯罪中以大功为标准进行划分(如“匿父母夫丧”“教令人告事虚”);第二,在期亲中将“父母”与“夫”分开量刑(“居父母丧主婚”);第三,而在养子犯罪中,依所养为“男”或“女”进行划分(“养杂户为子孙”)。可见,已成为社会既有的价值标准——“礼”亦成为法律中孰重孰轻的量刑标准,“父母”重于“夫”,“男”重于“女”,“期亲”重于“大功”。如将视野放宽至整本唐律中,不难发现,上述的分类的标准并不是个案,在唐律中涉及亲属犯罪时“大功”亦常常作为量刑分界线而出现,[①]而“父母”与“夫”、“男”与“女”亦是相同,“礼”似以无形之手,指挥掌控立法,“德礼为政教之本”之意处处皆现。

且上述以身份为标准进行分别量刑的方式,实际与基础条款中的分类与量刑密不可分。在分类标准上,“不应为”行为多为参照基础条款而分,如“匿父母夫丧”条的基础条款中就已依照“期亲尊长”与“大功以下尊长”的标准对“匿不举哀”者予以分别量刑;再如“养杂户为子孙”条中,对“良人养杂户”也已依照“养男”与“养女”分别治罪。因此,作为基础条款延伸之“不应为”行为,也依此分类量刑似乎也是顺理成章之事;在量刑上,“不应得为”行为更是符合了前两类的规律,即当基础条款量刑为确数时,以“杖一百”为界区分量刑轻重,当基础条款非为确数时,则依照“流”“徒”刑区分量刑轻重。

综上所述,“不应得为”之“情轻”与“事理重”的分等量刑再次展示了“不应为”条与基础条款密不可分的关联。在量刑上,基础条款量刑的轻重直接决定了“不应为”量

①唐律中有关亲属犯罪的量刑常以“期亲”“大功”“小功”“缌麻”作为分类量刑,如《贼盗律》“残害死尸”“盗缌麻小功财物”“略人略卖人”等。

刑的轻重，不管是以“百杖”为界进行轻重衡量抑或是将浮动量刑做轻重之别，在规范“不应为”的量刑前，立法者似已依据基础条款的价值对其进行了法律价值上的预判，因此“事理重”“事理轻”并非因“不应为”行为的“情”而定，而是依基础条款“事理”之轻重而定，从量刑的立法技术来看，这种分界的标准是固定且有规律可寻。这种规律具体展现为：第一，当基础条款为一个确定的量刑时，以“杖一百”为分界点，基础条款量刑高于“杖一百”者，其“不应得为”量刑为“重杖八十”，低于者，则为“轻笞四十”；第二，当基础条款为一个浮动量刑时，依照浮动量刑范围的大小，确定“不应得为”量刑轻重：即当基础条款量刑幅度为笞至流刑时，则以基础刑之“杖”“徒”为“不应得为”量刑标准，“杖以下”者“轻笞四十”，“徒以上”者“重杖八十”；第三，以犯罪对象的身份为标准确定量刑，侵犯身份高者之“不应得为”罪行处“重杖八十”，身份较低者为“轻笞四十”。

另一值得关注的现象是，“杖八十”的量刑多单独出现，而“笞四十”的量刑除仅有两条是单独出现外，其余皆似配角，为配合“杖八十”的量刑而出现，即在“杖八十”的基础之上进行减轻量刑，定为“笞四十”①。由此看来，似乎在《唐律疏议》中的“不应为”的行为，在立法者看来皆为“事理重”的范畴，而“不应为”条款为基础条款之延伸，因此基础条款罪行实际也是为立法者所认为“事理重”之行为即为立法者最为关切且需以严重打击之行为。此类行为以基础条款为中心，凡侵害其法理者，其“在律在令无有正条”，则先以“轻重相明”，再以他文进行“比附”，若在两者都无法适用时，通过“不应得为”条进行兜底惩戒，以使其对重罪条款“疏而不漏”，确保立法者或者说是统治者更加注重的“理”被遵守，保证社会秩序的平稳。也就是说，“不应得为”条制定的目的似乎是对“事理重”的重罪条款进行查漏补遗，通过“杖八十”与“笞四十”的轻刑予以惩戒，同时对于律文中的轻罪条款仅是点到即止，未需以“不应得为”条进行补漏，也正是《名例律》中所述“轻刑明威，大礼崇敬”的真实体现，由此而实现“德礼为政教之本，刑罚为政教之用”（《名例律》）。

五、总结

“不应得为”条的产生与基础条款有着密不可分的联系，从技术层面上看，基础条款这一投入河中的石子推延出远近不同的“不应得为”法例波纹，而“法理”作为一以贯

①前文表2中1、4、6、7、8(1)、9、10、12、14、15、16、17、18、19条文中“杖八十”量刑皆为单独出现，而“笞四十”单独出现的仅有3(2)、11。

之的因素,在动荡的水面中连接着两者。从功能层面上看,立法者在律中极其细微地将每个与基础条款相关,且违背该“法理”的罪行加以规定,其目的是希望在最大范围与程度内对基础条款中的“法理”予以保护,诠释了对基础条款法理即“事理”的全面的保护这条主线。这是法的现象的本质与价值所在,古今中外皆是如此。除使得基础条款与“不应得为”法例一以贯通外,“法理”的连接性已越出某一具体条款,而显现于条与条、篇与篇之间的相连性。如果说“十恶”条作为原则性的条款,其“法理”必须通过具体条款才可得以实现,而产生“点对面”的“法理”连接关系:如“十恶”“不孝”中规定:“居父母丧,自身嫁娶,若作乐,释服从吉”,皆是违背“丧礼”这一“法理”的行为,却涉及“匿父母及夫丧”“居父母丧嫁娶”“居父母丧主婚”三个条文。那么这三个条文相互之间就是“点对点”的“法理”连接关系,因其“法理”都相同。而“不应得为”条对于量刑上的处置也仍继续阐释了基础条款与“不应得为”条之间的联系,并且“不应得为”的量刑分界实际上依据着基础条款量刑的轻重而定,基础刑重者,则所衍生出的“不应得为”法例之量刑为重,基础刑轻者则为轻,立法者之目的早在基础条款的制定中已昭然。“不应得为”条的存在即是对基础条款的延展性保护,同时这种“点”“面”结合精妙的连接,使得唐律内容得以前后呼应、相互关照,刑名间一以贯之,形成了一个密而不疏的系统。立法技艺之成熟,令人叹为观止!

[责任编辑:张田田]

·立法技术·

唐代司法实践中"用杖"系列研究之二：对比唐律与唐格中对杖刑规定之不同*

夏婷婷**

摘　要:杖罚是一种从惯例到制度的发展过程,杖罚的程度和限度与法制的发展程度相契合。《说文解字》认为可持之物皆为杖,但作为施刑所用的刑具,古代不同时期对杖式、杖制、杖限的规定并不相同。《新唐书·刑法志》中认为违反唐令、格、式要"一断以律",但这只是唐律与令、格、式关系中的基本面。但就刑书适用的灵活性而言,事实却大抵相反,如唐格的实际法律地位要高于唐律。本文核心部分主要是将《神龙散颁刑部格》中涉及杖刑的十二个格文与相关律文进行对比,发现格文修正最多的是《贼盗律》,得出格的规定远比律严苛,且一罪二罚成为常态化的结论。

关键词:唐律;神龙散颁刑部格;先决杖

目　次

*本文是国家社会科学基金规划项目"中国古代案例、事例中的法官文化研究"(16BFX026)的阶段性成果;国家社会科学基金规划重大项目"法治文化的传统资源及其创造性转化"(14ZDC023)的阶段性成果。

**夏婷婷:沈阳师范大学法学院副教授,法学博士,硕士研究生导师。

(四)杖字释义外四种

二、《唐律》与《神龙散颁刑部格》中对杖刑适用之比较

(一)唐律与令、格、式之间的关系

(二)实际法律地位高于唐律的唐格

(三)唐律与唐格关于杖刑适用的具体条款比较

三、结论

引文

中国靠棒打统治。[①]

——[法]孟德斯鸠

孟德斯鸠的这句话是写就此系列文章的助燃剂。显然,孟氏在描述中华帝国的这一统治特征时,受到了法国传教士杜亚尔德所著《中华帝国志》一书的影响,该书中说“统治中国的就是棍子”。[②] 同处于18世纪后期的马戛尔尼使团在出使中国的所见所闻似乎更具有说服力,他们除了纠结于是否要行三拜九叩之礼外,还惊讶于清政府官员鞭杖的统治威力。为迎接使团鞭挞人群以清场、用鞭子驱打纤夫,这些场面令使团多少产生了不适;用鞭子抽打红幕的欢迎礼仪又使得使团的每一个人都觉得新奇。甚至在出使期间还发生了一桩意外事件。1793年11月25日,托马斯说:“我们的两位先生上岸步行,他们被两名士兵推倒在地,还挨了揍。这一切都是在一位蓝顶珠三品官的眼皮底下发生的。”斯当东指出,王大人和乔大人先叫人把这两名士兵鞭打了一顿,而后,又在总督面前告了一状,惩办那位官员。托马斯说得更明确:“总督摘掉了那位官员的顶子,还鞭笞了他。两个遭鞭打的士兵还被上了枷。要不是一个勋爵求情,他们还得挨几

①本句话引自[法]佩雷菲特所著《停滞的帝国——两个世界的撞击》一书,该句的完整表达为:“孟德斯鸠在说中国‘靠棍棒统治时’并没有什么不对。”作者引入该句是缘于一件清政府对一名英国士兵判处棍打(杖刑)处罚的评判。具体案情可参见该书第301~302页。而孟氏的这句话是写在《论法的精神》一书中,张雁深先生将这句翻译为:“但是我不晓得,一个国家只有使用棍棒才能让人民做些事情,还能有什么荣誉可说呢?”参见[法]孟德斯鸠:《论法的精神》(上册),张雁深译,商务印书馆1995年版,第127页。

②该句话在《论法的精神》张氏译1995年版的第127页注释①处。值得说明的是,杜亚尔德并未到过中国,他编辑《中华帝国志》这部书的大量素材是来自当时在华法国传教士发回法国的通信。

十竹板的打。”①从使团诸位成员的游历日记中可见,清政府官员对于这桩意外事件的处理态度并未打算将其列入司法处理程序之列,这也许是父母官思维方式的一次生动体现。对此,使团成员引用伏尔泰的一句话来讨论中国的司法:“帝国的宪法是世界上最好的、唯一的一部以宽大作为基础的宪法,但这并不妨碍官吏让自己的子民挨板子。”②佩雷菲特将“爱得深,罚得严”解释为:“在这样一个帝国中,父亲般的远见通过训斥与惩罚等方式维持整个国家的统一。”③对于中国靠棍棒的统治方式,孟德斯鸠将其归类为:“如果一个国家,刑罚并不能使人产生羞耻之心的话,那就是暴政的结果,暴政对恶棍和正直的人使用相同的刑罚。”④

抛开“法律西方主义”和“西方文化优势论”不谈,孟德斯鸠是把中国看作纯粹依靠“恐怖”才得以维持的“专制国家”,故而他引用了传教士杜亚尔德的“统治中国的就是棍子”那句话。⑤ 作为中国学者,今天我们有必要对杖罚(棍子)在传统中国的司法实践中如何起到统治效用做实质性的研究。笔者接触的第一位探讨这一问题的是霍存福教授。霍教授对这种棍棒统治的解释更为理性客观。在《权力场》一书中,霍教授明确指出:“靠严厉督责建立起来的官长与僚属之间,缺乏‘同休戚’的观念。僚属行为的选择,仅仅是惧怕得罪,因而只是对自己负责,不包括对长官负责。……作为督责僚属的保证力量的杖罚是一种制度,在更早的时候则是一种惯例。笃信感化力量的长官,可以摒弃不用或变通使用法律赋予的这种权力。”⑥

杖罚是一种从惯例到制度的发展过程,同时也不排除制度与惯例并存的可能。杖罚的程度和限度与法制的发展程度相契合。杖罚从开始的随意无限定到逐渐确定具体的打击数量,这是一个制度化的过程。但是,杖罚又是一个具有弹性空间的惩罚方式,严厉督责者自然是可能打过头的。所以,笔者觉得对司法实践中官员如何施用杖刑具

---

①以上关于马戛尔尼使团访华的例子均出自[法]佩雷菲特:《停滞的帝国——两个世界的撞击》,王国卿等译,生活·读书·新知三联出版社1993年版,第109、144、283、467页。

②[法]佩雷菲特:《停滞的帝国——两个世界的撞击》,王国卿等译,生活·读书·新知三联出版社1993年版,第467页。

③[法]佩雷菲特:《停滞的帝国——两个世界的撞击》,王国卿等译,生活·读书·新知三联出版社1993年版,第290页。

④[法]孟德斯鸠:《论法的精神》(上册),张雁深译,商务印书馆1995年版,第85页。

⑤在欧洲所谓的“绝对主义国家”时期,欧洲启蒙思想家们对中国的帝国形象曾有过完全不同的描述,与孟德斯鸠站在相反立场上的,诸如伏尔泰、亚当·斯密等人,他们对中华帝国的理性、富裕和高效的管理曾给予过高度的评价。

⑥霍存福:《权力场》,沈阳出版社2003年版,第332~333页。

有研究的空间和价值。笔者选择唐代作为核心研究朝代,但也注意朝代之间的纵向钩联,博稽史料,对唐代司法实践的中"用杖"做全面考察。①

作为系列研究之一,主要是对唐代"杖杀"刑罚的适用,以案例统计的方式进行了宏观和微观的道德探讨。本文作为系列研究之二,有必要对杖刑的发展、流变以及在立法上的变化做一探讨。

一、"杖"字含义及其流变

笞杖刑罚在中国拥有古老悠久的发展历史。这里需要澄清的是,在刑罚体系中,笞、杖并非一刑,而是两种不同的刑罚。《唐律疏议》中对笞刑的解释是:"笞者,击也,又训为耻。言人有小愆,法须惩戒,故加捶挞以耻之。"②笞刑是用鞭(鞭一般为竹制刑具,与后世出现的皮鞭并不是一回事)、荆条或木板抽打人臀、腿的刑罚,主要用来惩罚人犯有小过错,且有侮辱刑的印记;杖刑则是用大荆条或大竹板捶打人的背、臀或腿部。笞杖刑的用刑方式、施打部位多有共同之处,但轻重不同,主要呈现为笞轻杖重。不过,在追溯杖刑渊源时,却有必要将二者捏合起来论述。③

(一)《说文解字》中的"杖"字义

《说文解字》中对"杖"的解释为:"持也,从木,丈声。"④可见,凡可持之物皆曰杖,丧杖、兵杖、笞杖之杖都为可持之物。《说文解字》是对杖字做了广义解释。《孔子家语》有云:"舜之事父,小杖则受,大杖则走。"《国语》中又有:"薄刑用鞭扑。"《尚书》云:"鞭作官刑。"⑤《孔子家语》中说的是虞舜在伺候父亲时,小杖打来就忍受,大杖打来就

---

①经过前期资料的搜集和阅读,笔者发现,法史前辈对唐代杖刑的适用有所关注,如戴建国:"唐代刑罚体系的演变——以杖刑为中心的考察",载《史学集刊》2010年第4期;彭炳金:"论唐代杖刑制度的发展变化",载《通化师范学院学报》2004年第9期;贾俊侠:"唐德宗建中三年以前的杖杀略述",载《唐都学刊》2004年第3期。沈家本在《历代刑法考》中对杖刑发展的详细梳理、刘俊文在《敦煌吐鲁番唐代法制文书考释》一书中对神龙散颁刑部格的笺释,对本文的写作帮助甚巨。同时,还有许多学者从其他视角也涉及了关于唐代杖刑适用问题的研究,如霍存福:"唐代官刑论",载《吉林大学社会科学学报》1989年第5期;王斐弘:"敦煌写本《神龙散颁刑部格残卷》研究——唐格的源流与递变新论",载《现代法学》2005年第1期;吕丽、杨二奎:"影响唐代死刑适用的法律观念分析",载《法制与社会发展》2010年第6期;陈玺:"唐代长流刑之演进与适用",载《华东政法大学学报》2013年第4期。此外,陈玺教授2017年出版的新作《唐代刑事诉讼惯例研究》对拓宽本系列研究的思路大有裨益。

②《唐律疏议》卷一《名例》"笞刑五"条。

③《唐律疏议》中也有提及,在汉文帝废除肉刑改革之始,笞、杖之目未有区分。详见《唐律疏议》卷一《名例》"笞刑五"条疏议部分。

④(汉)许慎:《说文解字》,(宋)徐铉校定,中华书局2013年版,第118页。

⑤以上引述皆来源于《唐律疏议》卷一《名例》"杖刑五"条疏议部分。

逃跑。《国语》中所谓之"鞭",是笞杖刑之外的另外一种身体刑。"就鞭刑言:鞭扑之刑,鞭最重,杖次之,笞最轻",[①]鞭刑盛行于春秋之际,景帝废除肉刑改革时,笞刑已与鞭刑无异。后世重启鞭刑,始于曹魏,隋时废止使用鞭刑。

而最早用于治吏的杖罚,有学者推论是始于《尚书·舜典》的那句"鞭作官刑"。汉代人注释《尚书》里的这句话,说"鞭作官刑"是把鞭"作为治官事之刑"。唐孔颖达《尚书正义》疏解:"官事不治,则鞭之。"[②]这种对官吏失职行为进行杖罚的方式比较古老,且需依据具体情由作出适当惩罚,并没有明确的惩罚等级和次数,主要遵循惯例而定。

(二)从扑作教刑到礼仪程式

对《国语》中所说的"扑"字,沈家本的解释为:"《书》:扑作教刑。传:'扑,榎楚也,不勤道业挞之。'疏曰:'有扑作师儒教训之刑。'《学记》云,榎、楚二物,以收其威。郑玄云,夏,搯也。楚,荆也。二物可以扑挞犯礼者,知扑是榎楚也。既言以收其威,知不勤道业则挞之。《益稷》云,挞以记之。又《大射》《乡射》皆云,司马援扑,则扑亦官刑。"[③]从《尚书》"扑作教刑"一句,我们可知,棍杖惩罚在初始阶段是一种师儒教训弟子的手段,为学校教训之刑。随着官方教育的发展,到了西周时期,棍棒教育不仅成为教育中的惩戒手段,还成为一种礼仪制度。如在《仪礼·乡射礼》中载有第三番射仪的程式:"司射适西堂,袒决遂,取弓于阶西,挟一个,搢扑,以反位。司射去扑,倚于阶西,升请射于宾,如初。"意思是,司射走到西堂下,袒去左袖,戴上扳指,套上护臂,再从西阶之西拿起倚靠的弓,手持一箭,将刑杖插在腰间,然后返回原位。第三番射开始,司射将腰间的刑杖取下,靠在西阶之西,再登堂请示宾主:下一轮射仪是否可以开始。[④]

(三)被确定为法定刑的笞杖刑

《说文解字》中对"杖"的一种引申意可以理解为手握棍棒击打他人,这也提示我们棍棒刑罚绝不仅仅止于教育、礼仪。《司市》中记载了市司管理市场时,常用的三种刑罚:"小刑,宪罚;中刑,徇罚;大刑,扑罚。"宪罚就是将犯罪者的犯罪行为书写张贴于市,昭示其恶名;徇罚即游街示众;扑罚即为受鞭杖之苦,是三种刑罚中最重的一种。[⑤]这显然已经超出了礼法的范畴。《左传·襄公十八年》记载了子罕亲自执扑刑惩罚不

①陈顾远:《中国法制史概要》,商务印书馆2011年版,第181页。
②霍存福:《权力场》,沈阳出版社2003年版,第333页。
③(清)沈家本:《历代刑法考》上,刑法分考十四,商务印书馆2011年版,第320页。
④《仪礼》,彭林注释,岳麓书社2001年版,第115~116页。
⑤主客:《臀部的尊严——中国笞杖刑罚亚文化》,花城出版社2002年版,第72页。

勤勉行筑的人。可见，在春秋战国时期，棍棒刑罚已经成为军法中的常用刑。参考云梦睡虎地秦简、张家山汉简等出土文物，我们也可以进一步确定笞杖刑在秦、楚、魏等诸侯国已成为法定常刑。① 虽后世几经更易，最终被确定为封建制五刑体系之两种。

作为施刑所用的刑具，古代不同时期对杖式、杖制、杖限的规定并不相同。杖式即古代刑杖的规格、样式。② 如唐代规定："诸杖皆削去节目，长三尺五存。讯囚杖大头径三分二厘，小头二分二厘；常行杖，大头二分七厘，小头一分七厘。"③杖制是指对刑杖大小、长短的规定。历史上不同时期的刑制不一。《隋书·刑法志》："杖皆用生荆，长六尺……大杖，大头围一寸三分，小头围八分半。"《宋史·刑法志一》："常行官杖如周显德五年制，长三尺五寸，大头阔不过二寸厚及小头径不得过九分。"④可见，蒲坚对杖式与杖制意思的解释几乎相同。笔者认为，杖制还应当强调行刑过程中的具体要求，如唐令规定："其决笞者，腿、臀分受；决杖者，背、腿、臀分受，须数等；拷讯者亦同。笞以下愿背、腿均受者，听。即殿庭决者，皆背受。"⑤杖限即为刑法规定的杖击数目。如南梁有杖督之刑，存一十、二十、三十、五十、一百"五等之差；北齐，杖有定式，有三十、二十、一十凡三等；北周杖刑分为五等，由一十至五十；隋一十至五十改用笞，六十至一百，改用杖，代替鞭刑五等；唐代的杖刑之法定刑为六十到一百，不再作为他刑的附加刑，但其实做法与唐律规定颇为不同。⑥

（四）杖字释义外四种

《说文解字》杖字条宋人徐铉注曰："今俗别作仗，非是，直两切。"⑦即"杖"通"仗"，有倚靠、凭倚之意。

《尚书·牧誓》："王左杖黄钺，右秉白旄以麾。"这里的杖本意为手杖，拐杖。古代大臣年老致仕，称"杖国"。若大臣年老不告退，执持职事，朝廷则赐杖，因以杖朝指年老而继续在朝。

---

①主客：《臀部的尊严——中国笞杖刑罚亚文化》，花城出版社2002年版，第73页。

②蒲坚：《中国法制史大辞典》，北京大学出版社2016年版，第1461页。另，戴建国言："重杖，顾名思义，其杖具似乎应当比《狱官令》所规定的常行杖、笞杖等刑具要重实。然其具体尺寸，史文无载。唐杖具各有规制，不同的杖具，用于不同的刑罚。"请详见戴建国："唐代刑罚体系的演变——以杖刑为中心的考察"，载《史学集刊》2010年第4期。

③［日］仁井田陞：《唐令拾遗》，栗劲、霍存福等编译，长春出版社1989年版，第727页。

④蒲坚：《中国法制史大辞典》，北京大学出版社2016年版，第1461页。

⑤［日］仁井田陞：《唐令拾遗》，栗劲、霍存福等编译，长春出版社1989年版，第727页。

⑥陈顾远：《中国法制史概要》，商务印书馆2011年版，第182页。

⑦（汉）许慎：《说文解字》，（宋）徐铉校定，中华书局2013年版，第118页。

又若大臣出使，或大将出征，皇帝授予符节，作为凭证及权力的象征。大臣或大将所持符节，称为"杖节"。《汉书》卷一〇〇下《叙传》："博望杖节，收功大榎。"①

居丧期间所持的棒称为丧棒；杖周则是指居丧持杖的周年。丧棒、杖周主要出现在丧葬礼中。"子路问于孔子曰：'鲁大夫练而杖，礼也？'孔子曰：'吾不知也。'"②子路问孔子说："鲁国的大夫在练祭时还拿着丧棒，这合乎礼吗？"孔子回答说："我不知道。"此处的杖即指丧棒，有苴杖与削杖之分。孝子守丧用杖，意在悲伤过度，以扶病体。"齐衰杖周。降服：父卒，母嫁及出妻之子为母，报，服亦如之。……齐衰不杖周。正服：为祖父母，为伯叔父，为兄弟，为众子，为兄弟之子及女在室与适人者，为嫡孙，为姑、姊妹与无夫子，报，女子子与适人为祖父母，妾为其子。"③此段主要讲述的即是齐衰亲杖周与不杖周的两种情形。

二、《唐律》与《神龙散颁刑部格》中对杖刑适用之比较

陈顾远先生曾提到："唐初，死罪皆先决杖，其数或百或六十，是又以杖刑为附加刑，德宗始罢之。常行杖之外，又有重杖与痛杖二者，……而生死之权操于罚者。"④在考察唐代司法实践中如何施用杖刑之前，有必要对唐代主要的法律形式中对杖刑适用的规定做一了解。一来可以确定唐代司法实践中大量出现的先决杖、杖杀等行为是否有法律依据；二来可以考察唐代各法律形式之间关于杖刑的适用是否存在冲突。

（一）唐律与令、格、式之间的关系

《新唐书·刑法志》中有言："唐之刑书有四，曰：律、令、格、式。令者，尊卑贵贱之等数，国家之制度也；格者，百官有司之所常行之事也；式者，其所常守之法也。凡邦国之政，必从事于此三者。其有所违及人之为恶而入于罪戾者，一断以律。"⑤《新唐书·刑法志》中的这一段话，不但对唐代律、令、格、式的性质给予了阐述，还指出了律与令、格、式之间的关系。

---

①蒲坚：《中国法制史大辞典》，北京大学出版社2016年版，第1461页。
②杨朝阳、宋立林主编：《孔子家语通解》，卷第十《曲礼子夏问第四十三》，齐鲁书社2013年版。
③（宋）欧阳修等撰：《新唐书》卷二十，"志第十二　礼乐十二"，中华书局1975年版。
④陈顾远：《中国法制史概要》，商务印书馆2011年版，第182页。
⑤《新唐书》卷五十六《刑法志》。

“唐之刑书有四”这里的“刑书”是指刑法之书，而不是指其他部门法之书。[①] 故而可知，律、令、格、式这四种唐代的法律形式均为刑法之书。但这四种刑法之书各有其自身的特点。《唐六典》将这四种刑书的特点概括为：“律以正刑定罪，令以设范立制，格以禁违止邪，式以轨物程事。”[②]具体来说，唐代律已经成为定罪断刑的法典；令是关于国家各种制度的法典；格是皇帝对国家机关或个人因时因事颁行的制敕，是经过整理的法规汇编；式是国家机关经常和广泛适用的办事细则和公文程式。令、格、式是从积极方面规定国家机关和官民应当遵行的制度、准则和规范。律则是从消极方面规定违反令、格、式以及其他一切犯罪的刑罚制裁。从条款的逻辑结构而言，唐律与令、格、式之间也存在区别。从现代刑法的逻辑结构来看，唐律有假定、处理和制裁三个完整的组成部分，而令、格、式则主要有假定和处理两部分，呈现出弱制裁性的特点（部分格除外，下文详述），若违反了令、格、式的规定需要到律文中寻找相应的制裁部分。如《唐律疏议·杂律》“违令及别式”条规定：“诸违令者，笞五十；谓令有禁制而律无罪名者。别式，减一等。”此条的疏议部分进一步举例解释“令有禁制”，谓仪制令“行路，贱避贵，去避来”之类，此是“令有禁制，律无罪名”，违者，得笞五十。“别式减一等”，谓礼部式“五品以上服紫，六品以下服朱之类，违式文而著服色者，笞四十，是名”别式减一等。物乃没官。[③] 钱大群先生也认为唐律设立此条是统一规范对违犯令、式的处置，意在把违犯令、式的行为置于刑罚的监督之下。

《新唐书·刑法志》中所言“其有所违及人之为恶而入于罪戾者，一断以律”在唐律中也得到了再确认。《唐律疏议·断狱》“断罪不具引律令格式正文”条规定：“诸断罪皆须具引律、令、格、式正文，违者笞三十。若数事共条，止引所犯罪者，听。”[④]即违反唐令、格、式要依据唐律来科刑，若违反了此条规定，还要受到刑事处罚。“一断以律”可以避免唐代刑书在适用上的混乱。如果把律、令、格、式都作为定罪量刑的依据，内容势必会过于庞大复杂，极易造成法律适用上的模糊不清。“一断以律”可以避免一罪多科

①王立民：《唐律新探》（第五版），北京大学出版社2016年版，第42页。王立民教授还从“刑”字的发展及其本意，从“刑书”在《新唐书》中的位置以及从《新唐书》编修者的情况这三方面给出了“刑书”乃刑法之书的理由。具体论述可参见本书第三章。

②（唐）李林甫等：《唐六典》卷六“刑部郎中员外郎”条。

③钱大群：《唐律疏义新注》449“违令及别式”条，南京师范大学出版社2007年版，第917页。

④钱大群：《唐律疏义新注》484“断罪不具引律令格式正文”条，南京师范大学出版社2007年版，第981页。

情况的出现。如唐律在其疏议中曾反复强调"刑名事重,止可依据籍书,不可破律从令,妄加颠倒""刑法慎于开塞,一律不可两科"。① 可见在法律要求简约的前提下,还需强调司法要严格依律审断,杜绝一罪多科的情况发生。所以,唐令、格、式对唐律起到了补充的作用,这样可以使得律的内容更加完善,"一断以律"的做法使得法官在司法环节操作起来更为容易。此外,唐律与令、格、式之间关系解调,整体效应显著增强。

(二)实际法律地位高于唐律的唐格

违反唐令、格、式一断以律,这是唐律与令、格、式关系中的基本面。但就刑书适用的灵活性而言,事实却大抵相反。唐式和格二者的关系,有如令与律的关系。由于式是令的具体细则,所以经常令、式联称。格、式在法典中的地位虽低于律令,但在实际运用中却比律令更为经常。这是因为格、式可随时以诏敕更定,它们更能体现封建统治者的意志和切身利益。②

格的产生要晚于律、令。现有最早的格当属东魏孝静帝时期制定的麟趾格。此后,格被北齐等朝沿用,直至唐代才对格的性质有了明确的界定。第一,格是经过删定的敕的汇编。《新唐书·刑法志》中说贞观时期,曾"删武德以来敕三千余条为七百,以为格"。第二,格的主要作用是用来打击犯罪的。有些格的逻辑结构与唐律相似,既有假定和处理部分,也有制裁部分,不需经过唐律也可定罪量刑。简要列举《神龙散颁格》中的一个格条:"流外行署、州县杂任,于监主犯赃一疋以上,先决杖六十,满五疋以上,先决一百,并配入军。如当州无府,配侧近州。断后一月内,即差纲领送所配府,取领报讫,申所司。赃不满疋者,即解却。虽会赦,并不在免军及解免之限。"③这是一条很明显带有制裁部分的格文。第三,格的法律地位要比唐律高。如《唐律疏议·名例》"彼此俱罪之赃"条疏议部分规定:"其铸钱见有别格,从格断。余条有别格见行破律者,并准此。"也就是说,除此条规定的铸钱外,在其他方面,若格与律相违时,格都是优先被适用的。上述该条格文中若犯罪主体属于"流外行署、州县杂任",则不适用《唐律疏

①此出两条可见《唐律疏议·名例》"称日年及众谋"条以及《唐律疏议·贼盗》"谋反大逆"条的疏议部分。

②事实上,唐玄宗后,制敕的地位日益提高,甚至可以代律、破律,司法官以制敕而不以律断狱的情况越来越普遍。例如,《宋刑统·名例》"五刑"门载建中三年(公元782年)八月二十七日敕规定:"其十恶中恶逆以上四等罪,请准律用刑。其余应合处绞、斩刑,自今以后,并决重杖一顿处死,以代极法。"

③刘俊文:《敦煌吐鲁番唐代法制文书考释》,中华书局1989年版,第247页。

议》中的“受所监临财物”条。无论是从唐律的疏文还是刑部散颁格的格文均可见唐格的法律地位要高于唐律。

(三)唐律与唐格关于杖刑适用的具体条款比较

关于杖刑适用的规定主要集中在唐律中。此外,唐中宗神龙元年(公元705)依贞观、永徽故事,诏尚书右臣上国柱苏環等人奉敕删定完成的《神龙散颁刑部格》中也集中规定了杖刑的适用问题。基于本文写作重点的需要以及篇幅的限制,关于杖刑法律规定的比较,主要以《唐律》和《神龙散颁刑部格》为比较中心,个别条款附带唐令或其他法律形式。

现有《神龙散颁刑部格残卷》(P. 3078. S. 4673.)120行(以下简称《残卷》),分别藏于法国巴黎国立图书馆、英国伦敦大英图书馆。① 关于《残卷》中的内容可以分为多少条目,不同的学者由于关注的角度不同,所得出的结论有出入。张晋藩认为“留有格文十六条”②,刘俊文、钱大群均认为格文共十八条③,王斐弘认为格文就内容而言,应当是十七条。④ 笔者认为,《残卷》现有格文十八条,就内容完整性而言,116行后残缺,故117行一条不具有研究价值,可供研究的共有十七条;《残卷》现标示34~36为一条,37为一条,但很明显37行是36行的接续,实为一条。可见,具有研究价值的条文共16个,其中与施用杖刑相关的共计12条,下面将这12条格文与《唐律》的相关法条做一分类比较。

1. 格文对律文之补充、修改

此类格文是对相关律文在犯罪主体方面、犯罪客观方面作出补充规定,如刑法施用主体之扩大、格文中加入唐律中未被涉及的情由、法外加刑等。

---

①有学者对唐代的格做了专门的研究:“唐格主要可做两大分类:一是留司格,主要适用于各曹司;二是散颁格,主要适用于地方各州县。唐格的形式也可分为两种:一种是编入格典的正格,一种是零散的杂格。”《神龙散颁刑部格》属于天下所共有的散颁格,同时也是编入格典的正格。王斐弘:“敦煌写本《神龙散颁刑部格残卷》研究——唐格的源流与递变新论”,《现代法学》2005年第1期。此外,根据《新唐书·刑法志》中所言从唐高祖至唐太宗时期,制定的新格有五十三条。王立民教授对唐格进行了总结,他认为唐朝先后颁布过武德格、贞观格、永徽格、垂拱格、开元格、开元后格及格式律令事类、元和格敕、开成详定格等主要的格。格按照国家机构名称分类,可分为吏部、司封、司勋、考功、户部、度支……等。具体论述可详见王立民:《唐律新探》(第五版),北京大学出版社2016年版,第32、251页。

②张晋藩主编:《中国法制史》,法律出版社2000年版,第277页。

③刘俊文在《论唐格——敦煌写本唐格残卷研究》一文中,认为“存卷首及格文18条”,钱大群在《唐律研究》一书中也认为“其内容可以细绎为十八条”。

④王斐弘:“敦煌写本《神龙散颁刑部格残卷》研究——唐格的源流与递变新论”,《现代法学》2005年第1期,第16页。

《残卷》4～9行	《唐律·诈伪》“伪写官文书印及余印”条	《唐律·诈伪》“以伪造或得亡失宝印符节封用及施行”条	《唐律·诈伪》“盗宝印符节封用”条
伪造官文书印若转将用行［行用］，并盗用官文书印及亡印而行用，并伪造前代官文书印若将行用，因得成官，假与人官，情受假：**各先决杖一百，头首配流岭南远恶处**，从配缘边有军府小州。并不在会赦之限。其同情受用文书之人，亦准此。	诸伪写官文书印者，流二千里。余印，徒一年。 即伪写前代官文书印，有所规求，封用者，徒二年。	诸以伪宝、印、符、节及得亡宝、印、符、节假人，若出卖，及所假若买者封用，各以伪造、写论。 即以伪印印文书施行，若假与人，及受假者施行，亦与伪写同；未施行，及伪写印、符、节未成者，各减三等。	诸盗宝、印、符、节封用；谓意在诈伪，不关由所主。即所主者盗封用及以假人，若出卖；所假及买者封用；各以伪造、写论。 主司不觉人盗封用者，各减封用罪五等；印，又减二等。即事直及避稽而盗用印者，各杖一百；事虽不直，本法应用印而封用者，加一等。主司不觉，笞五十，故纵者，各与同罪。

此条格文相较律文而言，重在“行用”二字上，即无论是伪造官文书印、盗用官文书印还是伪造前代官文书印，着重看是否造成“因此得官、假与人官、［同］情受假”的结果。这是针对律文中缺少行为后果所进行的补充规定，若结果即成，则量刑加重，规定凡已造成上述结果之一者，先决杖一百，主犯还要配流岭南，从犯配缘边有军府小州，且会赦不免。这是格文对律文的修改。

《残卷》40～47行	《唐律·杂律》“私铸钱”条
私铸钱人，勘当得实，**先决杖一百，头首处尽，家资没官**；从者配流，不得官当、荫赎，有官者仍除名。勾合头首及居停主人，虽不自铸，亦处尽，家资亦没官。若家人共犯罪，其家长资财并没；家长不知，坐其所由者一房资财。其铸钱处邻保处徒一年，里正、坊正各**决杖一百**。若有人纠告，应没家资并赏纠人。同犯自首告者，免罪，依例酬赏。①	诸私铸钱者，流三千里；作具已备，未铸者，徒二年；作具未备者，杖一百。 若磨错成钱，令薄小，取铜以求利者，徒一年。

关于非法铸币的行为，如前所述，《唐律疏议·名例》“彼此俱罪之赃”条有“其铸钱见有别格，从格断”的原则性规定。具体到《唐律·杂律》“私铸钱”条，明确规定凡非法

①经刘俊文先生考证，此格文是以“永淳元年”敕为蓝本。“《通典》卷九食货门钱币下载永淳元年五月敕云：‘私铸钱，造意人及勾合头首并处绞，仍先决杖一百；从及居停主人加役流，各决杖六十。若家人共犯，坐其家长；老疾不坐者，则罪归以次家长。其铸钱处邻保配徒一年，里正、坊正、村正各决六十。若有纠告者，即以所铸钱毁破并铜物等赏纠人。同犯自首免罪，依例酬赏。’内容与格文略同，当即格文所本，只不过格文较敕文进一步加严而已。”刘俊文：《敦煌吐鲁番唐代法制文书考释》，中华书局1989年版，第262页。

铸钱的，处流刑三千里。后又分两种减轻刑罚的情况，一是模具已成，但未铸造的情况；一种是模具未成的情况。其中，模具未成者，杖打一百。此格文对律文作出了修改和补充规定：一是加重了对私铸钱币犯罪行为的处罚力度。只要犯罪事实清楚，就要先杖打一百，主犯处死，从犯配流，没收家产，且不得官当和荫赎。二是扩大处罚的主体范围。除了加重处罚私铸钱币的主从罪犯，邻保要处徒刑一年，里正、坊正各处杖一百。

可见，关于私铸钱币罪，格文将最高刑由唐律中的流三千里上升到死（绞）刑。而“先决杖”成为死刑的附加刑。同时，里正、坊正也牵连获罪，惩罚与《唐律》中模具未成者同。

《残卷》48～51行	《唐律·名例》“犯罪未发自首”条	《唐律·贼盗》“造畜蛊毒”条问答部分	《唐律·贼盗》“略人略卖人”条
略及和诱、和同相卖为奴婢自首者，非追得卖人，并不得成首。其略良人，仍**先决杖一百，然后依法**。若于羁縻及轻税州自首者，虽得良人，非本州者亦不成自首。	诸犯罪未发而自首者，原其罪。……其于人损伤，于物不可备偿、即事发逃亡，若越度关津及奸，并私习天文者：并不在自首之例。	又问：依律，犯罪未发自首，合原。造畜蛊毒之家，良贱一人先首，事既首讫，得免罪以否？ 答曰：犯罪首免，本许自新。蛊毒已成，自新难雪，比之会赦，仍并从流。	诸略人、略卖人：不知为略，十岁以下，难知，亦同略法。为奴婢者，绞；为部曲者，流三千里；为妻妾子孙者，徒三年。因而杀伤人者，同强盗法。

此段格文涉及相关唐律三条，对律文进行了补充规定。《唐律》中规定不许自首的情况共有7种，即于人损伤、于物不可备偿、事发逃亡、偷渡关津、行奸良人、造畜蛊毒、私习天文。此条格文是在唐律规定的这7种不许自首的情形之外，又增规定劫略、串通拐卖人为奴婢的，在一般州内，不能追回卖人，则不许自首。在羁縻州和轻税州，即使追得所卖之人，但非本州籍贯也不许自首。

若劫掠良人，则要先杖打一百，后施用《唐律》卷二十《贼盗律》“略人略卖人”条之刑罚。即劫掠良人、劫掠良人后出卖为奴婢的，先决杖一百，再处绞刑；卖做部曲的，先决杖一百，再流三千里；卖做人妻或妾的，先决杖一百，再徒三年。由此可见，格文关于略卖良人的规定，呈现出杖刑与绞刑（流刑）并用的惩罚方式。

《残卷》73～77行	《唐律·贼盗》“部内有人为盗与容止”条
光火劫贼，必藉主人，兼倚乡豪，助成影援。其所获贼，各委州县长官尽理评覆，应合死者奏闻。其居停主人**先决杖一百，仍与贼同罪。邻保、里正、坊正、村正各决杖六十**，并移贯边州。	诸部内有一人为盗及容止盗者，里正笞五十，坊正、村正亦同。三人加一等；县内，一人笞三十，四人加一等；部界内有盗发及杀人者，一处以一人论，杀人者仍同强盗之法。

此格文之特点在于重点强调强盗犯罪中之一种行为——光火盗。光火盗是持械入室抢劫的强盗。这类犯罪经常有当地的恶徒作为同伙,帮助指示地点、提供食宿、窝藏赃物等。唐中后期始,加强对强盗罪的惩处力度。[①] 此条格文正是从光火盗这类犯罪着手,对犯罪的客观方面进行了补充,突出了持械入室抢劫这种加重行为,同时也扩大了惩罚的主体范围,居停主人(房东)、邻保、里正、坊正、村正都牵连受罪。其中视居停主人为同案犯,居停主人要先决杖一百,后与贼同罪处罚,可见处罚之重。这也是一罪两刑的表现。又邻保等一干人等也要决杖六十,移籍边远之州。此格文如此规定,其意在于"以光火劫贼皆藉居停主人及乡豪之助,故设此法威吓,以绝其影援"。[②] 对强盗罪加重处罚的原因,是由于唐后期阶级矛盾日益激化,强盗案件多发,迫使统治者不得不抛弃律文而祈求重典统治能够奏效。

《残卷》85~87 条	《唐律·贼盗》"盗官私马牛而杀"条
盗及杀官驼马一疋以上者,**先决杖一百,配流岭南**,不得官当、赎。其知情博换卖买,及过致人、居停主人知情者,并准此。	诸盗官私马牛而杀者,徒二年半。

依律,盗官私马牛而杀的,处徒刑二年半,即不区分官、私马牛处罚相同。格文此条单强调盗杀官家驼马,处罚加重,这是对犯罪客体方面的修正。具体规定为先决杖一百,后配流岭南,且不许当、赎,其处罚效力高于律,且同样为杖、配一罪两罚的惩罚方式。此外,处罚主体扩及知情博换买卖人、过致人、居停主人依此格文处断。这是对唐律的修改。

《唐律·贼盗》"盗官私马牛而杀"条若盗窃而杀的,且按赃计算刑重于两年半徒刑的,按窃盗罪加一等处罚。按《唐律》"窃盗"条"五疋徒一年,五疋加一等"的计赃方式,盗杀官私马牛的计赃起征点是二十疋,当赃数大于二十疋时,加一等处罚。如若盗而不杀者,计赃依窃盗罪处罚。格文显然强调的是盗而杀之的情况,并且计赃从一疋起。以上两点均体现出格文较律文量刑加重。

①唐德宗建中三年(公元782)三月敕节文:"当府界内,捉获强盗,不论有赃无赃,及窃盗赃满三疋以上者,并准敕集众决杀;不满疋者,量事科决,补充所由。犯盗人虽有官及属军等,一切并依此处分。"元和十年(公元815)八月敕:"京兆府奏,应擒获强盗,不论有赃无赃,并集众决杀。"敕文出自于刘俊文:《唐律疏议笺解》卷十九《贼盗律》"强盗"条解析部分,中华书局2015年版,第1381页。针对光火劫盗的又一规定出现在文宗太和九年(公元835)十二月,朝廷发布《平息浮言诏》:"昨者有擅入逆人之家,盗掠财物,拥无故之利,生怙乱之心,尚有纵酒聚徒、妖言惑众、志于掠盗、恐吓居人、假托军司、辄持兵器及以前月二十一日事妄相告讦者,委御史台、京兆府严加伺察,擒获奏闻,所在集众决杀,不在恩赦之限。"见(清)沈家本:《历代刑法考·赦八》"赦例二"。

②刘俊文:《敦煌吐鲁番唐代法制文书考释》,中华书局1989年版,第265页。

《残卷》101～105行	《唐律·贼盗》 "谋杀制使府主等官"条	《唐律·斗讼》 "殴制使府主刺史县令"条
州县职在亲人,百姓不合凌忽。其有欲害及殴所部者,承前已令斩断。若有犯者,**先决杖一百,然后禁身奏闻**。其内外官人,有恃其班秩故犯,情状可责者,文武六品以下、勋官二品以下并荫人,**并听量情决杖,仍不得过六十**。	诸谋杀制使若本属府主、刺史、县令,及吏卒谋杀本部五品以上官长者,流二千里;工、乐及公廨户、奴婢与吏卒同。余条准此。已伤者,绞;已杀者,皆斩。	诸殴制使、本属府主、刺史、县令及吏卒殴本部五品以上官长,徒三年;伤者,流两千里;折伤者,绞。折伤,谓折齿以上。 若殴六品以下长官,各减三等;

按照唐律"谋杀制使府主等官"条和"殴制使府主刺史县令"条之规定,凡谋杀刺史、县令的,流二千里,已伤者断绞,犯罪既遂者断斩;凡殴打刺史、县令的,徒三年,殴打致伤的,处流三千里,殴打致骨折的,断绞。格文对律文的修改为:一是若谋害、殴伤朝廷命官,先决杖一百,这是律外加刑。禁身奏闻还强调了一个上报的程序问题,这是对犯罪客观方面的补充规定。二是格文强调文武六品以下、勋官二品以下及荫人倚靠官阶品级故意有犯,情状应该受责的,应量情决杖,但最多不得过六十。此条为唐律所无,此乃格文对律文的补充规定。"格文之主旨,盖在尊重地方长官之权威,赋予不可侵犯之法律地位。"①

2. 律外加刑

较第一种分类而言,此类格文仅呈现出加重刑罚的趋势,即"依法与罪"。"依法科罪"所依之法仍为《唐律》,不过在依律科罪之前增加杖刑处罚。

《残卷》 38～39行	《唐律·贼盗》 "窃盗"条	《唐律·贼盗》 "恐喝取人财物"条	《唐律·贼盗》 "略和诱奴婢"条
盗计赃满一疋以上,及詃诱官私奴婢,并恐喝取财,勘当知实,**先决杖一百,仍依法与罪**。	诸窃盗,不得财笞五十;一尺杖六十,一疋加一等;五疋徒一年,五疋加一等,五十疋加役流。	诸恐喝取人财物者,口恐喝亦是。准盗论加一等;虽不足畏忌,财主惧而自与,亦同。辗转传言而受财者,皆为从坐。若为人所侵损,恐喝以求备偿,事有因缘之类者,非。若财未入者,杖六十。即缌麻以上自相恐喝者,犯尊长,以凡人论;强盗亦准此。犯卑幼,各依本法。	诸略奴婢者,以强盗论;和诱者,以窃盗论。各罪止流三千里。虽监临主守,亦同。即奴婢别赍财物者,自从强、窃法,不得累而科之。

该条格文仅强调了计赃的起算点。依唐律"窃盗"律规定"一尺杖六十,一疋加一

①刘俊文:《敦煌吐鲁番唐代法制文书考释》,中华书局1989年版,第267页。

等”，即一疋一尺杖七十。格文所言赃满一疋以上，先杖一百，然后依法与罪，即科罪之前先杖打一百。依律规定，一疋以上，本合杖七十，显然先决杖重于依法科罪之刑。另依律恐吓取人财物，准窃盗加一等处罚；略及和诱奴婢分别以强盗和窃盗罪论处。格文则强调，只要勘当属实，均要先杖一百，然后依法与罪。此条格文的严苛程度可见一斑。

<table>
<tr><th>《残卷》52～72行</th><th>《唐律》</th><th>其他法律形式</th></tr>
<tr><td>但有告密，一准令条。</td><td rowspan="2">无律文</td><td rowspan="2"></td></tr>
<tr><td>受告官司，尽理推鞫［鞫］。如先有合决笞、杖者，先决本笞、杖，然后推逐状内。</td></tr>
<tr><td>不当密条者，不须勘当。密条灼然，有逗留者，即准律掩捕，驰驿闻奏。如无指的，不须浪追及奏。</td><td>《唐律・斗讼》“知谋反谋逆叛不告”条：“诸知谋反及大逆者，告密随近官司，不告者，绞。知谋大逆、谋叛不告者，流两千里。……官司承告，不即掩捕，经半日者，各与不告罪同；若事须经略，而违时限者，不坐。”</td><td rowspan="5">开元七年令文：“诸告密人，皆经当处长官告；长官有事，经佐官告；长官、佐官俱有密者，经比界论告。若须有掩捕，应与余州相知者，所在准状收捕。事当谋叛已上，驰驿奏闻。且称告谋叛已上，不肯言事意者，给驿部领送京。其犯死罪囚及缘边诸州镇防人等，若犯流人告密，并不在送限。”①</td></tr>
<tr><td>若推勘事虚，先决杖一百，然后依法科罪，仍不得减赎。</td><td>《唐律・斗讼》“诬告谋反大逆”条：“诸诬告谋反及大逆者，斩；从者，绞。若事容不审，原情非诬者，上请。若告谋大逆、谋叛不审者，亦如之。”</td></tr>
<tr><td>若责状不吐，确称有密者，即令自抄状自封，长官重封；如不解书，推勘官人为抄，长官封印署，驰驿进奏。仍禁身待进止。有不肯抄状，并不受推勘者，即与无密，宜便准前决杖及科本罪。</td><td>无律文</td></tr>
<tr><td>若死囚，旨符已到，有告密者，不须为受。</td><td>《唐律・斗讼》“被囚禁不得告举他事”条：“诸被囚禁，不得告举他事。其为狱官酷己者，听之。”</td></tr>
<tr><td>仍令州县录敕，于所在村、坊要路榜示，使人具知，勿陷入罪。</td><td>《唐律・斗讼》“知谋反逆叛不告”条、“告祖父母父母”条、《唐律・斗讼》“部曲奴婢告主”条。</td></tr>
</table>

①另据《唐六典》卷六“刑部郎中员外郎”条：告密有不于所由掩捕，则从近也。注：谓告密人，皆经当处长官告，长官有事，经佐官告；长官、佐官俱有密者，经比界论告（以下与令文同）。［日］仁井田陞：《唐令拾遗》，栗劲、霍存福等编译，长春出版社1989年版，第711～712页。

此段格文是《残卷》中较长的一段。对于告密之敏感,是中宗对武周时期做法的一种习惯性延续。同时,武周时期酷吏周兴、来俊臣等造《告密罗织经》所造成的“一人被讼,百人满狱”的恶劣后果,成为中宗朝统治的反例,此条格文在一定程度上缘于警诫而发。

《狱官令》之“告密”条是规范告密行为的主要法律依据。对于告密行为格文所强调的重点是要确定告密行为的虚实。凡属告密行为,原则上须由长官亲理,推鞫事情真伪,如虚构事实明显,或推勘事虚,或不肯抄状,或挟私报复,则构成“无密”,要先杖打告密者一百,后依唐律诬告反坐其罪。这是明显的法外加严的做法。若告密属实或只称有密但不肯言事,则须官府驰驿奏闻,必要时还需将告密者押送进京。

此格既是对唐律的补充,也是对告密行为作出种种限制,如规定告密不当者、死囚旨符已到而告密者均属于“不须勘当”。其目的就是要防止有人利用告密而生事端,诬告无辜之人。这既是对武周时期告密风气的一次纠正,也弥补了律文之疏漏。

3. 格文有规定而律文无规定

此分类中,共有四条格文,所规定之内容分别为:流外行署、州县杂役受所监临财物,官人坐赃犯罪申诉程序,禁断宿霄行道,禁私造违样绫锦。此四种行为律文均无规定。

格文	相关律文	其他法律形式
《残卷》13～17行:流外行署、州县杂任,于监主犯赃一疋以上,**先决杖六十:满五疋以上,先决一百:并配入军**。如当州无府,配侧近州。断后一月内,即差纲领送所配府,取领报讫,申所司。赃不满疋者,即解却。虽会赦,并不在免军及解免之限。	《唐律·职制》“受所监临财物”条:“诸监临之官,受所监临财物者,一尺笞四十,一疋加一等;八疋徒一年,八疋加一等;五十疋流二千里。与者,减五等,罪止杖一百。” 《唐律·名例》“监临主守”条:“诸称‘监临’者,统摄案验为监临。”①	《唐六典》“吏部郎中员外郎”条:“凡未入仕而吏京司者,复分为九品,通谓之行署。州县杂任指州县中担任杂职之流外官,如佐史之类。”②

①监临具体指州、县、镇、戍、折冲府等官署,主办官员以上,其他人分别在其管辖之下的,都属监临。此外,只根据统辖监督本官署及对公案做处断为准,如果对下属个人而不对其家口作统辖监督的,对下属家口有奸淫及敛取财物行为的,也与监临同样处置。此外,对主守概念之解读,均可详见钱大群撰:《唐律疏义新注》,卷六“监临主守之概念”条,南京师范大学出版社2007年版,第221、222页。

②(唐)李林甫等:《唐六典》卷二“吏部郎中员外郎”条。

续表

格文	相关律文	其他法律形式
《残卷》92～98行:官人被推赃罪,事跡分明,拟为诉辞,规避不对;或经恩赦,求请证徒,若得重推,多有翻动;或使过之后,州县容翻;宜审详元状,如事验明白,身虽未对,不须为理。必称枉酷,任经省论,州县不得辄受申诉。其告事人但审引虚,**先决杖六十,仍各依法处断**。支证翻者,亦同此科。	《唐律·斗讼》"越诉及应受而不受"条:"诸越诉及受者,各笞四十。若应合为受,推抑而不受者,笞五十;三条加一等,十条杖九十。" 又见《唐律·断狱》"断罪应言上而不言"条疏议部分。内容引《狱官令》令文。	《唐六典》"刑部郎中员外郎"条:"凡有犯罪者,皆从所发州县推而断之。在京诸司,则徒刑以上送大理,杖以下当司断之。若金吾纠获,皆送大理。"① 《狱官令》:"杖罪以下,县决之。徒以上,县断定。送州复审讫,徒罪及流应决杖、笞若应赎者,即决配征赎。其大理寺及京兆、河南府断徒及官人罪,并后有雪减,并申省,省司复审无失,速即下知;如有不当者,随事校正。若大理寺及诸州断流以上,若除、免、官当者,皆速写案状申省。大理寺及京兆、河南府即封案送,若驾行幸,即准州例,案覆理尽申奏。若按复事有不尽,在外者遣使就复,在京者追就刑部,复以定之。"②
《残卷》99～100行:宿霄行道,男女交杂,因此聚会,并宜禁断。**其邻保徒一年,里正决杖一百**。	—	—
《残卷》110～114:行私造违样绫锦,勘当得实,**先决杖一百**。造意者徒三年;同造及挑文客织,并居停主人,并徒二年半:惣不得官当荫赎。踏碓人及村正、[坊]正、里正,**各决杖八十**。毛褐作文者,不得服用、买卖,违者物并没官。	《唐律·卫禁》"赍禁物私度关"条:"诸赍禁物私度关者,坐赃论;赃轻者,从私造、私有法。 若私家之物,禁约不合度关而私度者,减三等。"③	《唐大诏令集》卷一〇八开元二年七月禁奢侈服用敕:"天下更不能采取珠玉、刻镂器玩,造作锦绣珠绳,织成帖绦二色,绮绫罗作龙凤禽兽等异文字及竖栏锦文者。**违者决一百**,受雇工匠降一等科之。"④ 开元二十五年令:"诸锦、绫、罗、縠、紬、绵、绢、丝、布、牦牛尾、真珠、金、银、铁,并不得度西边、北边诸关及至缘边诸州兴易。"⑤

格文第13～17行是将流外行署、州县杂任从一般监临官犯赃罪中划分出来,单独

①(唐)李林甫等:《唐六典》卷六"刑部郎中员外郎"条。

②[日]仁井田陞:《唐令拾遗》,栗劲、霍存福等编译,长春出版社1989年版,第689页。

③该条疏议部分强调《关市令》中所规定的锦、绫以下各物品,都属私家科保有之物,但如带出西关、北部诸关的,计赃后比坐赃罪减三等处罚。

④转引自刘俊文:《敦煌吐鲁番唐代法制文书考释》,中华书局1989年版,第268～269页。

⑤[日]仁井田陞:《唐令拾遗》,栗劲、霍存福等编译,长春出版社1989年版,第643页。

治罪。有犯赃一疋以上者,即决杖六十。按唐律"受所监临财物"条赃数计算刑等,满二疋一尺杖六十,显然格文要比唐律处罚得重。满五疋以上先杖一百并配军,依唐律此条规定,五疋以上杖九十,要比格文处罚的要低一个刑等,除杖一百外,还要配入军,此乃唐律治罪所无。

格文第92~98行规定的是官人犯赃罪的申诉规范,属程序法。唐律和唐令均无官吏赃罪申诉之单独规定。从格文所言与律令条文对比来看,若官吏对所指犯赃罪声称冤枉或指陈有酷,则须经台省论断,州县不能受理申诉。若告事人但审引虚,则先决杖六十,然后依法处断。这是法外加刑的又一表征。

格文99~100行中所谓"宿霄行道"是佛家用语,指佛教夜晚举行的斋会。《册府元龟》卷一五九"革弊门"载开元十九年四月癸未诏书有云:"近日僧徒,此风尤甚。因缘讲说,眩惑州闾,谿壑无厌,唯财是敛,津梁自坏,其教安施,无益于人,有蠹于俗,或出入州县假托威权,或巡历乡村恣行教化。因其聚会,便有宿霄,左道不常,异端斯起。自今以后,僧尼除讲律之外,一切禁断。"①此格文继该诏书之精神,禁断一切宿霄行道之事,并且扩大了惩罚的主体范围,如有宿霄行道之事发,邻保徒一年,里正决杖一百。律文无所规定。

格文110~114行规定的是对私造违样绫锦的处罚。违样绫锦就是违反官府规定的花纹样式而制造的绫罗锦缎等织物。对于私造违样绫锦的行为,证据确凿,即可决杖一百,造意者徒三年。相关人员也牵连受罪:同造及挑文客织,并居停主人,并徒二年半;踏碓人及村正、[坊]正、里正,各决杖八十。唐代的这一法律文献,为我们提供了唐朝对纺织行业严格监管的直接证据。唐政府对民间纺织图样的控制十分严格,如果私自造用,不但相关当事人要受到处分,连相关管理人员也要承担连带责任。唐律仅对禁榷物有系统的规定,对私造违样绫锦并无明文规定。

三、结论

综上所述,从格文与律文的对比结果来看,12条格文共涉及相关律文共计25条,其中对律文修正和补充最多的是《贼盗律》,相关律文共8条。唐律中的《贼盗律》按照李悝《法经》的设计沿革,应分为贼律和盗律,贼之本意为毁,于法专指倡乱、杀人等行

①(宋)王钦若:《册府元龟》卷第一百五十九帝王部"革弊"。

为。格文对贼律部分的修正主要有关于蛊巫罪的“造畜蛊毒”条、关于杀人罪的“谋杀制使府主等官”条。其余6条律文均是关于盗律之处罚的规定。盗之本意为窃,于法专指取物、劫货等行为。涉及盗窃罪的律文有“盗官私马牛而杀”条、“窃盗”条;涉及勒索罪的律文有“恐喝取人财物”条;涉及掠卖罪的有“略人略卖人”条、“略和诱奴婢”条;涉及窝藏罪的有“部内有人为盗与容止”条。从格文对律文调整的罪名来看,主要包括危害社会安全、侵犯人身安全、侵害财产安全等行为。《贼盗律》是唐律的主体部分,也是维护社会秩序的核心部分,格文对《贼盗律》的修订一来是与《贼盗律》在唐律中的主体地位相匹配,二来是统治者对社会控制的一种实际需要。

《唐律》规定的五刑体系,一般情况下均单独使用,无附加刑。① 但通过对《神龙散颁刑部格》部分格文的考察,我们不难发现,在12条格文中,“杖一百”出现过11次,“先决杖,再科刑”已是一种量刑的常态化做法。并且按五刑二十等的规定来看,杖一百属于杖刑中的最高一等。由此可见,格的规定远比律严苛。同时,“先决杖一百,并配入军”实际上是把杖刑与配流刑合并起来,成为一种新的刑罚方式。

唐格是由皇帝制敕汇编演化而来,终成为一种重要的法律形式,亦成为司法官判案的依据。《新唐书·刑法志》有言,违反格要依律制裁,即“一断以律”,但实则不然。由于格比律更加灵活,能随机应变,格反而成为了对律的补充。“在实际司法实践中,依格断狱的情况十分普遍”,“还需提及的是格的地位比律高,这是以格补律,甚至以格破律的重要原因”。②

[责任编辑:张田田]

①实际上,唐律中累犯流罪的可以附加杖刑。并且在特殊情况下,杖刑可以替代徒、流行。详见《唐律疏议》卷三《名例律》“徒罪应役家无兼丁之处置”条、“工乐杂户犯流徒及妇人犯流之处置”条;卷五《名例律》“官户部曲奴婢有犯之处置”条。

②王立民:“唐律实施问题探究”,载《法学》1990年第10期。

·品读堂·

再读《清代地方政府》*

郭 建**

上个月传来了瞿同祖先生去世的消息,哀痛之余,再次拜读瞿先生的名著《清代地方政府》,又有新的感触。

记得第一次听说瞿同祖先生,是在杨廷福先生家里。那是杨先生参加了米兰中国法制史国际研讨会回到上海,我和一个同学前往拜访,杨先生说起,这次会议只请了两位中国大陆的学者,另一位瞿同祖先生因病未能成行。不久就在书店看到了瞿同祖先生的《中国法律与中国社会》,当时作为考研最重要的参考书,圈圈点点画画看了好几遍。除了专业的感悟外,最大的感叹就是瞿先生那种磊落的风骨,在这本初版于1947年、再版于1981年的著作中,他没有修改原来的内容来迎合当时的学术"主流",比如仍然保留传统的"阶级"定义,仍然坚持传统的"封建"概念,也没有在任何地方显示出接受从苏联传过来的法律"性质"的定义。

瞿先生另外一本名著,以英文写作出版的《清代地方政府》,1962年由哈佛大学出版社出版。我知道这本书,是在80年代中期阅读《剑桥中国晚清史》时,看到由费正清先生写的该书导言"旧秩序"中有关"行政"的那部分,引用的第一本参考书就是《清代地方政府》,只是一直无从看到这本名著。90年代初自己开始陆续写一些明清基层司法制度的书,没有能够找到这本书作为参考,深为憾事。自己有关明清基层政府的《帝国缩影》(学林出版社)一书在1999年出版的时候,心中颇为忐忑。当时中国政法大学出版社在1998年出版了《瞿同祖法学论著集》,其中部分翻译了《清代地方政府》,等我

*编者按:本文是郭建教授写于2008年12月26日的一篇博文。在本书编辑部征得郭教授同意后,在本辑《法律文化论丛》上发表,并以此方式悼念瞿同祖先生辞世10周年。

**郭建,复旦大学法学院教授。

看到时，《帝国缩影》已经付印，赶紧翻阅了一下，知道自己所言，竟然大多和瞿先生观点相近，至少可以断定没有重大错讹，暗自庆幸不已。2003年，《清代地方政府》的中文本终于由法律出版社出版。课余之时，先翻看了一遍，不过也同样由于交稿在前，《帝国缩影》改编的直排繁体字版（《衙门开幕》，台湾实学社2004年）仍然没有能够参考《清代地方政府》。

如果说，前两次翻阅的目的主要在于参考与借鉴，那么在瞿先生去世后的一个月里，再拜读这本名著，就完全是一种学习与领悟的过程。

《清代地方政府》从清代地方基层政府的构成开始入手，首先根据清朝的法律制度所规定及地方政府组成结构，然后逐一介绍清代地方政府的人员构成。依据的资料主要是清朝的法规大全《大清会典事例》，以及大量的官箴、笔记之类的材料，列出统计的数据表格。重点介绍了清代地方基层政府中的官员、书吏（政府办事职员）、衙役（政府勤杂执役人员）、幕友（长官聘请的私人顾问）、长随（长官私人雇佣的侍从）这五个集团。然后按照司法、征税、其他行政的顺序，介绍了清代地方政府的最重要的几类政务。

《清代地方政府》最后一章最有特点，瞿先生在此专门考察了士绅集团和地方行政的关系。士绅集团发挥影响力的途径一是利用本身在地方民众中的声望，来进行社会协调工作，比如组织公共工程、教育活动、保甲治安、民团团练；另一个途径则是利用各自在官场上的关系圈子，来对地方官施政发生影响。但他并不接受一些西方学者简单地将士绅集团等同于地方利益集团代表、实现某种程度上"地方自治"的观点，而是特意将"士绅"划分为已有官员身份的"官绅"、仅有科举功名的"学绅"，认为前者处在权力的中心，而后者处在权力的边缘。并且指出士绅集团首先考虑的是自己的利益，只有在地方共同利益受到巨大威胁时，才会在不损害本身利益这一前提下，代表地区共同利益在官民之间进行调停。瞿先生并且用了很大的篇幅，评述士绅集团利用自己的特权地位合法或违法来为自己谋取利益的途径。

在本书的最后结论部分，瞿同祖先生以严密的逻辑逐步推进，证明清代地方政府是中央集权体制的重要组成部分，无论司法、财政等方面，都缺乏自主的权力。而且必须服从极其严密的法律制度，服从是地方官员的"终极目标"。但是朝廷的法律制度越是细密，越是造成地方官员应付的手段，他们是依靠长久以来的惯例在进行统治，地方成规和法律重合，是地方政府缺乏任何主动性的原因。

另外,瞿先生指出清代的地方政府是一个“一人政府”,除了地方长官(知县、知州)以外,其他的辅助官员都只起到极具局限性的作用。“正印官”“正堂”一人控制着书吏、衙役、幕友、长随这四个集团;而其中的幕友、长随,又是长官个人组织的、向其个人效忠的私人集团,用来平抑作为正式公共机构组成部分的书吏、衙役集团。恰如帝国统治的最高峰是皇帝专权的“一人朝廷”、皇帝总是利用“大内”里身边的工作班子来执掌决策权力,在帝国统治的最底层,也是这样的“一人政府”、以私人关系组成的工作班子在贯彻着朝廷的统治。

瞿先生进一步剖析,这样的现象是否足以否定马克斯·韦伯的结论:政府中存在非正规的私人关系,是政府工作效率的大敌。他认为,长官私人聘请的幕友,是作为行政专家在发挥作用。而且以自己的私人集团作为监督衙门里的职能集团(书吏、衙役),倒是发挥统治效率的最重要因素。

在本书中,对于书吏、衙役、长随三个集团的评价最低,几乎都是在简单地介绍了其基本职能后,就立即转而评述其在地方行政中的种种作弊手段,及其地方社会生活中的负面影响。在本书的结论部分,瞿先生剖析了这三个集团的“反常行为”原因,认为“主要是文化价值与社会地位不协调的结果”。这三种人被法律限定了提升社会地位的途径(衙役被法律认定为贱民,书吏难以提升为官员,长随不得参加科举或捐官),只能通过非法的途径去谋取他“想往的价值——金钱酬偿、腾达机会”,而且“易于获得便利,又易逃避追究”,当然就将越轨行为作为自己行为的主要取向。但是瞿先生笔锋一转,又以着重号标明:“政府和公众看作越轨或腐败的行径,也许被看作在遵循行业性约定俗成的行为规范(行规)而已。”

结论中再次否定所谓士绅在清代领导“地方自治”的说法,强调士绅是唯一的社会压力集团,但是士绅的利益是和其他的社会集团的利益时常冲突的,“这一事实又与自治不相容,因为自治要求社会利益作为一个整体被代表”。他们和官员是同一个政治秩序下的两个集团,瓜分着帝国的地方权力。

最后瞿先生一语点穿了清代地方政治陈陈相因、永无改革的关键:“所有这些集团,都在现行体制下获得了最大的回报,唯一的例外是普通百姓。”他们有冲突,但没有兴趣改变现状,形成了外国观察家惊讶不已的清代“社会和政治秩序中的稳定性和持续性”,只有当民众的不满上升到了暴动的程度时,“稳定”与“持续”就被动乱和破坏所代替。

真正意义上的经典性的学术著作,并不是仅仅给了读者一些个完美的结论,而是能够激发读者去思考、去扩展这些结论。《清代地方政府》就是这样的著作。它能够促使读者去进一步设想:为什么在一个很长的历史时期中,一个个"一人政府"能够有效地统治幅员辽阔的帝国各个基层单位?在冷兵器时代,基层官府指挥的几十个士兵手里的长矛弓箭,和几十万民众群众手中的锄头镰刀相比,并没有什么威慑的优势,获取最大回报的几个既得利益集团为什么并没有引发民众经常性的暴动?这些既得利益集团为什么能够被民众所容忍?还是因为他们代表的这个帝国体制里有着使社会其他成员认同其统治的机制?朝廷为什么能够容忍基层官府的一人"独裁"?互不信任的"公"性质衙门职能机构与"私"性质长官工作班子为什么能够相安无事?为什么清朝设置了如此低水平而又毫无自主能力的地方基层财政?自行"创收"的衙门重重勒索,为什么会形成相对稳定的惯例"陋规"?……这些都是值得后人不断深入探讨,寻找现象后面的规律。

瞿先生是系统掌握社会学理论的学者,他的理论功底融会贯通于他的著作之中,并不滥用学术专有名词,也没有"掉书袋"式地引用名人名言来显摆。他的叙述、他的归纳、他的提示,都是他的观点的简明扼要的说明。他运用理论的分析,但不拘泥于原有理论的结论,更不削足适履地将史实拼凑到理论的框架里去充当填料。他在本书中运用了社会冲突、压力集团分析、功能主义等理论,但毫不拘泥于一家一说。比如在对于士绅利益集团的分析中,他对利益做了扩大解释,除了经济利益外,得到社会尊重、能够得到法律的特别保护的特权地位,是在清代社会中更重要的利益。

《清代地方政府》给清代基层政治研究奠定了一个基础,从21世纪初叶的今天来看,不仅它的学术结论丝毫没有过时,而且它的研究方法、它显示出的扎实的学风,也是今天的学者需要认真继承的。我想这本名著会随着时间的推移,非但永远不会过时,还将被后人不断研读、不断发掘。

[责任编辑:夏婷婷]

·品读堂·

从法律职业精神检视我国法律职业共同体的专业化建设

——读《法律职业的精神》的思考*

崔　丽**

摘　要:美国学者罗伯特·N. 威尔金在《法律职业的精神》一书中对法律职业的诞生和职业精神的感召力做了精辟的阐释。作者以一个成熟法律人的视角带领我们追根溯源,对法律职业精神的深入思考,展现了法律先贤对法律执着的信仰,以及敢于超越王权、不屈服于权势的精神。作者对普通法视阈中法律职业的诞生和变革过程的阐释,对"善和正义"的理解,有助于我们理解法律职业精神的含义和精髓,回应了法律职业精神对法律人专业技能、专业伦理、专业思维和专业准入等方面的基本要求,为我国法律职业共同体的专业化建设提供了借鉴意义。

关键词:法律职业;职业精神;法律人;法律职业共同体;专业化

目　次

---

*本文是辽宁省社会科学规划基金一般项目"辽宁省企业社会责任实现的'公私协作'(PPP)模式研究"(L17BFX007)的阶段性成果。

**崔丽,沈阳师范大学法学院讲师,法学博士。

二、法律职业精神对法律人的基本要求
(一)法律职业主体的特定性
(二)法律职业行为的特殊性
(三)法律职业角色的高标准性
三、法律职业精神引领下法律职业共同体专业化建设的展望
(一)法律人专业技能的培育
(二)法律人专业伦理的形成
(三)法律人专业思维的养成
(四)法律人专业准入的实现
四、结语:我国法律职业精神的追寻在路上

法律职业是第一种可称为专业的职业。①

——[美]罗伯特·N. 威尔金

《法律职业的精神》一书是美国罗伯特·N. 威尔金法官在俄亥俄州立大学法学院讲演录的结晶,虽然成书于1938年,但对于我们今天的法律人来说,仍然可以堪称经典。威尔金法官以对西方历史的回顾和展望为视角,为我们展现了普通法系法律职业精神形成和演进的过程。本书的主要贡献在于,作者将法律职业精神置于一个较高的位置,以一个成熟法律人的视角引领我们追根溯源。通过阅读和理解作者传达的法律职业精神,对如何理解法律的力量和价值,具有重要的参考价值。那么,笔者梳理作者思路引发的思考与追问就是:法律职业精神的内涵是什么?法律人应该秉持怎样的职业精神?法律职业精神对法律人有哪些基本要求?如何在法律职业精神的感召下实现法律职业共同体的专业化建设?这是每个法律人都必须思考和面对的问题。

一、法律职业精神的内涵

(一)法律职业精神的含义

法律职业既是承载着公平与正义价值目标的一项特殊职业,又是一项需要崇高职业精神引领的职业。按照威尔金法官的界定:"法律职业的精神,是指曾激励众多伟大

①[美]罗伯特·N. 威尔金:《法律职业的精神》,王俊峰译,北京大学出版社2013年版,第139页。

人物去热爱、研究、教授、实践和建立法律的意图、神圣感和灵感。”①这就意味着，法律人需要具备独特的职业品质。法律职业是一个实践性极强的职业，从最广义的层次上看，法律人还必须适应社会环境的变迁来诠释法律，使得法律职业活动更符合社会期待。因为法律人不仅仅是法律代言人，还是社会工程师，要与时俱进地适应和解决社会不断发展和变化所产生的新的法律问题。社会生活是不断变化的，法律条文一经颁行便已存在滞后性，社会对于正义价值的判断也会随着时代的变迁不断更迭，而当前的社会期望更是企图实现个案中的正义最大化。在信息进步的现代社会，法律人必须跟随时代的步伐，不断更新自己的知识体系和法治观念。法律人身为依法审判者，不是仅就法律条文做文义解释与逻辑的推演而已，正如著名学者波斯纳所言：“法律案件的判决绝非自动售货机，一端输入而另一端负责产出，法律案件的审理包含了复杂的社会因素。”②以法官审理案件为例，面临社会的期许，法官在司法审判过程中也是需要不断挣扎、抉择。例如，内蒙古王力军收购玉米案以及天津大妈赵春华摆射击摊获刑案就充分说明这一问题。③ 法官在司法审判中，必须将社会对于公平正义的期待纳入考虑之中，也就是说，必须将社会对于法律的诠释纳入判案的考虑范畴。但是，法律人在办案中也绝对不能人云亦云，机械办案，应当养成综合的、纵横交错的、多维度的思维。

（二）法律职业精神的精髓

法律职业从萌芽开始，就具有专业性的特征。追根溯源，对于法律职业精神的界定，最早由古罗马法学家西塞罗提出。其在《学说汇纂》的开篇，就提出了法律职业的观念，即“法学是研究善和正义的学问”。④ 实际上，西塞罗从“善和正义”的视角经典诠释了法律职业精神的含义和精神实质。从某种意义上说，要符合“善和正义”的标准，法律人需要具有专业素养和道德标准兼具的职业品质。如果从业者缺少专业素养和道德标准中的任一要素，一般认为其不过是擅长交易的骗子，其所从事的是交易而非职业，因为法律职业精神的精髓就在于，崇尚信仰法律，向往善和正义。因而，作为一名法律人，就应当摒弃功利主义，不掺杂私利的动机，不畏惧强权专制，以法律的传播和良好运行作为自己的最高追求和职业目标。⑤

①[美]罗伯特·N. 威尔金：《法律职业的精神》，王俊峰译，北京大学出版社2013年版，第5页。
②[美]理查德·波斯纳：《法官如何思考》，苏力译，北京大学出版社2009年版，第4页。
③张远南：“论司法办案的多维度思维”，载《中国检察官》2017年第12期，第31页。
④[美]罗伯特·N. 威尔金：《法律职业的精神》，王俊峰译，北京大学出版社2013年版，第18页。
⑤[美]罗伯特·N. 威尔金：《法律职业的精神》，王俊峰译，北京大学出版社2013年版，第18页。

对于“善和正义”的理解，西方向来有向往和追求善和正义的传统。正义女神形象就很好地诠释了西方社会法律人对“善和正义”的追求。具体而言，正义女神蒙眼布的由来，就表示她蒙眼闭目，六亲不认、无欲无求、大公无私，审判要“用心灵来观察”；蒙眼不是失明，而是自我约束，是克服直视对象所产生的诱惑。司法要靠理性，不靠误人的感官印象。正义女神形象体现了西方法律人对于法律职业精神中“善与正义”的敬畏与信仰，也体现了西方法律人从仪式感上重视中立裁判者的身份，从程序意义上保证客观中立，避免受到外界因素的干扰，这也充分说明了西方法治理念中重视程序正义的思想。综上所述，笔者对于法律职业精神的理解是：以法律专业素养为基础，以崇高的职业道德为核心的价值目标和精神追求。换句话说，法律人应当以现代法治理念为指导、以实现公平正义为职业目标。

二、法律职业精神对法律人的基本要求

（一）法律职业主体的特定性

法律活动的开展是一项专业性的活动，必须由特定的主体完成，英国很早就确立了法律职业活动专业化的理念。最为经典的案例就是1608年英国首席大法官柯克拒绝了詹姆士一世亲自审理案件的要求。对于詹姆士一世国王的要求，柯克大法官除了基于礼节肯定国王的聪明才智外，拒绝其审理案件的理由是：国王对自己治下的英格兰的法律并不博学。① 可见，早在17世纪初的英国，柯克大法官就意识到法律活动具有专业性的特征，必须由特定的掌握专业知识的主体才能完成。为了保障法律活动的专业性实施，一方面，在法治理念指导下，我们要遵循“法律至上”的标准，由专业法律人来践行法律活动；另一方面，法律人需要掌握丰富的专业知识来保障法治的实现。

（二）法律职业行为的特殊性

法律职业承载着对公平正义的追求，职业行为有一定的特殊性。正如威尔金法官所言：“职业精神有别于利己主义与自我膨胀。……以业绩为导向的各种职业，强制实施准入标准与执业标准。一席之地的取得，必须以辛苦为代价，而不能像贵族政治或财阀政治那样从继承中获得。但是，各职业的大门对于所有愿意遵守其纪律的人都是敞

①［美］罗伯特·N. 威尔金：《法律职业的精神》，王俊峰译，北京大学出版社2013年版，第59页。

开的。”①因而,法律职业需要独特的准入条件和门槛,法律人更要有超乎寻常的职业品质,法律职业精神也对法律人提出了较高的门槛准入要求。各国对于法律职业的准入都设置了较高的准入标准。以我国为例,对法律人进入法律执业领域也设定了较高的准入条件,近年来司法改革的主要举措,也包括逐步提高法律人的行为规范和执业标准。

(三)法律职业角色的高标准性

与其他职业的角色定位相比较,法律人的角色定位应当有更高的标准。法律人不仅仅是法律的代言人,还是社会工程师,承载着实现社会正义的重要使命。正如威尔金在著作中所提到的:“法律人是法律的代言人,还是人类灵魂的发言人。”②具体而言,一方面,法律人是法律的代言人,要能用逻辑的力量和专业的知识说出来或者写出来,需要体现良好的专业知识和技能。另一方面,作为社会工程师,法律人不仅需要回应社会公众对于法律的基本诉求,也需要回应社会公众对法律人的社会角色期待。我国正处于司法改革的深水区,法治思想移植于西方,存在法治文化传统先天不足的状况,如何实现法治的本土化衔接问题至关重要。由此可见,法律人角色的培育和养成需要一个长期努力的过程,法律职业的特殊性决定了法律人在处理法律事务和纠纷过程中,需要保持独立的思考评判和冷静的抉择。因而,法律职业对法律人的角色设定和角色期待具有高标准性。法律职业精神的本质就是法律人能够运用公平正义观念去指导自己前行的方向。

三、法律职业精神引领下法律职业共同体专业化建设的展望

法律职业离不开法律人,法律人可以看作是法律职业共同体③的代名词。学者对法律职业共同体的界定是:“法律职业共同体是在法治化进程中,接受了法律知识教育,并具备统一的法律信仰,以法律为职业的人群形成的联结体。”④法律人需要对法律

①[美]罗伯特·N.威尔金:《法律职业的精神》,王俊峰译,北京大学出版社2013年版,第141~142页。

②我国法律人专业准入条件和执业标准的相关内容将在第三部分详细阐述。

③从人员组成上来看,法律职业共同体一般通常的理解是由法官、检察官、律师、法学家等组成。根据《关于完善国家统一法律职业资格制度的意见》(以下简称《意见》)规定,法律职业人员是指具有共同的政治素养、业务能力、职业伦理和从业资格要求,专门从事立法、执法、司法、法律服务和法律教育研究等工作的职业群体。

④张文显、信春鹰、孙谦:《司法改革报告——法律职业共同体研究》,法律出版社2003年版,第24页。

职业共同体作出正确的理解,首先必须明确的是,法律职业共同体与法律职业群体之间并非同一概念。法律职业共同体区别于法律职业群体的特征在于,非数量的简单叠加,而强调精神上的共鸣和价值观念上的互动。要成为法律职业共同体的成员,专业能力的培育和养成必不可少。正如威尔金法官所言,"法律职业是第一种可称为专业的职业"。在法律职业精神的引领下,法律职业共同体建设对法律人在专业技能、专业伦理、专业思维和专业准入四方面提出了基本要求。

(一)法律人专业技能的培育

具备良好的法律专业素养,是成为一个合格法律人的基本前提。法律作为一个具有较强专业知识和技能的领域,需要法律人长期的学习和实践。只有具备了一定的专业知识和素养,才能更好地实现法律职业的精神。未经专门训练,未掌握法律技能与伦理的人不得进入法律职业领域。法律职业的技能是一种专业技能,由两部分构成:基于法律文本的知识和经验;法律学问中的原理(法理)。不可否认,法学教育对法律专业技能的培育及法律职业共同体的形成发挥了重要作用,同时,通过专业的法学教育和学习,我们掌握了区别于其他人的专业概念和法律术语,例如不当得利、善意取得、意思表示等,成为我们用以分析和解决法律问题的专业话语体系。正是基于此,法律职业共同体才构建成一个享有同一套语言的解释共同体。① 因而,法律人必须是一个有专业技能的人,并且不仅要有能够思考自己法律知识的思维,也需要更多相近的关系到法律问题的相关学科知识的思维,只有掌握了这些知识和技能才能真正在法律职业上有所发展。

(二)法律人专业伦理的形成

法律人应具备本职业特有的伦理,法律职业蕴含着一种社会伦理和责任,应当摒弃功利主义的倾向。法学是正义之学,只有富有正义感的人才是合格的法律人。例如,前一段时间热议的于欢案,在网络上出现了道德审判的情形,抛开"正当防卫是否成立"的法律问题,单纯从道德上讲,母亲受辱,子女是否应该制止?回答是肯定的。因此有很多网友被这种舆论裹挟,甚至连判决书都没有完整看完就要求判于欢无罪。其实还是一个道理,道德审判已然凌驾于法律之上。道德本身是一个抽象的因人而异的价值取向,难以量化为有形的可操作性的范本,于欢案自新闻媒体报道后,社会舆论一直高

①原论述可具体参见孙笑侠、李学尧:"论法律职业共同体自治的条件",载《法学》2004年第4期。

度关注。即使二审法院判处于欢五年有期徒刑,也是依据事实和法律,对其正当防卫是否构成的认定,根本不能以道德标准作为定案依据。因而,我们的法治环境不应以舆论和情绪为出发点,而应以理性思考面对热点案件,以专业的法律判断来实现法治的使命,来实现法官的职业保障。

其实,在我国由人情社会转入法治社会的过程中,一直存在其他传统伦理观念与现代法治伦理观念的冲突。例如,早在20世纪40年代,费孝通先生在其《无讼》的文章中就提出这样一个案例,某人因妻子偷情打伤了奸夫,在传统伦理观看来这是理所应当的。但奸夫将打人者告上了法庭,因其触犯了法律的规定,等待他的将是殴伤的罪名,他的行为与司法伦理存在着严重的冲突。目前在我国的司法实践中,法律人的思维与普通人的思维确实有一定的冲突,这让我们法律人在实践中遇到多重困境。对于法律人的思维困境和冲突,法律人应当坚守法律专业伦理,法律才能从理想走到现实。

(三)法律人专业思维的养成

法律人的职业思维不同于大众思维。法律人的职业思维包括语言、独特的思想方法和推理过程等。[①] 目前我国的司法实践中,法律人的思维很容易与普通人的思维发生各种冲突,这容易形成法律人执业的困扰。法律人容易遇到道德伦理、阶层冲突、政治层面、传统理念以及来自社会舆论等多个方面的思维冲突。而与这些思维的冲突中,与政治思维的冲突最为常见。政治思维走在法律思维前列,在影视剧中的体现最为明显。例如,前段热播的电视剧《人民的名义》中高育良、李达康最初对抓捕丁义珍的逐层请示开会,就是政治思维走在法律思维之前的生动体现。这是我国从传统人情社会走向法治社会所必然经历的一种阵痛,是特定阶段无法避免的结果。我们要坚守法律思维方式,学会辨别和区分,尽可能地排除政治思维的干扰。

在法治社会中如何面对法律思维方式与其他思维方式的冲突,坚持用法律思维方式处理法律问题,孙笑侠教授和陈金钊教授在文章中都有过论述,[②]但影响最大的还是

---

①梁治平:《现代化视界中的法律职业》,载葛洪义主编《法律方法与法律思维(第1辑)》,中国政法大学出版社2002年版,第14页。

②孙笑侠教授则认为法律思维具有以下特点:"运用术语进行观察、思考和判断""通过程序进行思考,遵循向过去看的习惯""注重缜密的逻辑,谨慎地对待情感因素""只追求程序中的相对的'真'""判断结论总是非此即彼地进行'一刀切'"。孙笑侠:"法律人思维的规律",载葛洪义主编:《法律方法与法律思维》(第1辑),中国政法大学出版社2002年版,第81页。陈金钊教授则将法律思维的特点概括为:"规范性""站在人性'恶'的立场上思考一切问题""求实""利益性""审判活动中是一种确定性的单一思维方式"。参见陈金钊:《法治与法律方法》,山东人民出版社2003年版,第103页。

郑成良教授对法律职业思维特征的概括。[①] 对于法律思维方式的基本特征，这里仅以程序正义优于实体正义为例对法律思维方式的独特性作出探讨。程序正义与实体正义之间的价值取向影响着法律人的思维判断。在我国的传统中，法官的实体公正倾向与我国诸法合体，实体法为本、程序法为用的几千年的法律文化传统和法律渊源有关。在我国传统思维观念中，案件审理要取得良好的法律效果和社会效果的统一，往往社会公众要的就是一个结果，过程根本不重要。比如，“绝不放过一个坏人”就存在着一个“宁可错杀一千，绝不放过一个”的司法风险，比如呼格吉勒图、聂树斌案，虽然沉冤得雪，但也已无力回天。与我国重视实体法的传统相比较，在西方的法治传统里，对程序正义给予了应有的重视，例如著名的“辛普森杀妻案”[②]。这是一场典型的以程序手段消灭实体正义的案件，体现了美国司法中的程序正义，这个经典案例说明在法律思维方式实现中程序正义优于实体正义的原则。可见，在法治社会中，法律人要遵循法律思维方式，正确处理法律与其他思维方式的冲突。而法律人处理法律与其他思维方式冲突遵循的原则是：合法性优先，尽可能兼顾其他思维方式。

（四）法律人专业准入的实现

法律人专业能力形成的一个重要制度保障，就是提高准入门槛。法律职业从产生之初开始，就具备较高的入门门槛和准入标准。从英国柯克大法官拒绝詹姆士一世国王的审判开始，法律职业向社会大众传递的信息就是，法律是专业性极强的职业，要遵循“法律至上”的理念，即使是国王也不能僭越。法律职业的从业者要从事法律活动，必须接受准入条件的严格考察，获得许可后方可从事法律职业活动，进入这一职业需要设定职业准入制度以检测申请者的素质。以我国的法律职业准入条件变迁为例分析，法律职业的准入标准存在逐步提高的趋势，强调法律人专业化、精英化的培养与建设。我国由2002年统一司法考试，自2018年转变为国家统一法律职业资格考试。2017年

---

①郑成良教授从现代法治需要角度，提出了法律思维的六个特点（他有时也称之为法律思维的六个“规则”）：“以权利义务为线索”“普遍性优于特殊性”“合法性优于客观性”“形式合理性优于实质合理性”“程序问题优于实体问题”“理由优于结论”。郑成良：“论法治理念与法律思维”，载《吉林大学社会科学学报》2000年第4期。

②1994年6月12日，警察发现辛普森前妻及男友被刺杀于住宅门前。面对谋杀的指控，辛普森的律师团提出“警方非法获取证据”“现场血液被污染”“DNA鉴定不准确”“警察福尔曼有种族歧视涉嫌伪造证据”等程序性问题作出抗辩，并获得了合议庭的采纳，最终辛普森被判无罪。宣判后，主审法官说“大家都看见了辛普森沾满鲜血的手，但法律却不能说已看见”。参见封丽霞：“辛普森‘杀妻’案判决的启示”，载《理论视野》2016年第3期。

之前，要成为专业的法律人，必须通过国家统一司法考试。2018年开始，我国提高了法律职业的准入门槛，在条件的设定上更为严格，要成为专业的法律人，必须通过国家统一法律职业资格考试。在法律职业准入制度改革条件下，根据2018年2月5日司法部发布的《国家统一法律执业资格考试实施办法(征求意见稿)》规定，采取"老人老办法、新人新办法"，2018年前入学的非法本毕业生仍可参加"国家统一法律职业资格考试"，《实施办法》正式实施后非法本毕业生的报考条件则有所提高。用业内人士的话解读就是，提高准入门槛，让专业的人干专业的事情，会让法律职业越来越规范。

同时，为了提高法律职业准入的门槛和技能，我国从制度保障层面促进法律职业共同体人员的流动。法律人专业能力的培育和养成也需要在法律职业内部实现合理流动。在具体流动措施上，我国试图形成法官、检察官和法学家之间有机的互动机制。我国已通过了《关于建立法官检察官逐级遴选制度的意见》等文件，在法律人的职业保障上，我国进行了法官、检察官的员额制改革，这既是合理分配人力资源、提高办公效率，也是从制度层面上提高了法律人专业化、精英化培养的步伐。以法官队伍建设为例，为了实现法官职业行为的专业化建设，要成为审理案件的主审法官，我国司法改革的一个重要方面就是进行法官员额制改革，加强法官职业队伍的专业化建设。员额制改革的重要意义在于优化法律职业资源，形成一种有效的竞争上岗的准入标准，为法律人才的合理流动和优化资源配置提供有效保障。

四、结语：我国法律职业精神的追寻在路上

《法律职业的精神》一书对理解英美法律制度和现今法律职业发展有所帮助。其颂扬法律在世俗社会中的积极作用，称法律是引领社会变革的先驱，具有强烈的理想主义情结。而"精神的东西，只有崇尚才能根植于心，为灵魂所拥有"。[①] 对法律职业精神的探寻，对于当今法律职业发展和法律职业共同体建设具有重要的现实意义。在法律职业精神的引领下，在法律条文存在空白的领域，在疑难案件处理过程中，法律人可以避免个案明显偏离正义的轨道，克服法律"技术伦理"产生的困境。从追寻法律职业精神的效果看，可以避免法律人"唯法条论"的倾向，克服纯粹的理性思维，有助于实现法律职业的专业化，有助于实现公平正义。

---

①[美]罗伯特·N.威尔金：《法律职业的精神》，王俊峰译，北京大学出版社2013年版，第152页。

读懂《法律职业的精神》,以史为鉴,对于我国法律人了解西方法律传统,形成较强的自我约束力至关重要。威尔金法官追溯法律职业和法律制度史有其特定的时代背景,是基于对其所处时代的深思和忧虑。通过英美法系法律职业产生和发展的传统可以看出,西方法律职业共同体的形成有其悠久的历史,法治文化传统和理念根深蒂固。法律职业的精神是在法律实践中自下而上的自治中逐步形成的,是历史发展的必然产物。与西方相比,我国正处于司法改革的关键阶段,法治文化先天不足,读懂此书,以史为鉴,展望未来——我国法律职业精神的追寻任重而道远。基于我国自上而下的法治推进模式,我国应重视规则的引导作用,通过规则—行动—意识—精神逐步提升的模式,引领法律人追寻崇高的法律职业精神。从我国法律职业发展的历程考察,法律职业精神的追寻在路上,法律人需要有内心的信仰和不断追寻的态度,才能把法律职业精神更好地传递下去,更好地指导法律实践。

[责任编辑:夏婷婷]

·品读堂·

重返"桃花源":法律职业精神的失落与寻回*

张 猛**

摘 要:专业知识与团体精神是法律职业产生的前提条件,公共精神则是法律职业独立的社会基础。随着现代社会分工的进一步加剧以及重商主义的冲击,法律职业精神中的公共精神逐渐萎缩与弱化,法律职业精神逐步演变为现代意义上的约束法律人职业行为的法律职业伦理。法律职业伦理在实践中却未能很好地担负起法律职业精神的功能与使命,陷入了徒有"法律规范"的外形,却缺乏"法律规范"实效的尴尬境地。法律职业精神的寻回有赖于职务法庭的建立,以及法学教育伦理补充功能的积极发挥,以实现法律伦理规范的实效。

关键词:法律职业精神;法律伦理;法官行为规范;法官道德准则;伦理损耗

目 次

*沈阳师范大学博士科研启动项目"知识产权国际保护的新发展"阶段性成果。

**张猛,沈阳师范大学法学院讲师,法学博士。

(三)进退维谷的法律职业道德规范

三、重寻职业精神:职务法庭的建立与法学教育的延伸

(一)职务法庭的建立与职业行为守则的司法适用

(二)伦理消耗与法学教育承载的伦理补充功能

四、余论:寻找的意义远大于结果

作为法律人,你以自己的职业为傲吗?

美国资深法律人罗伯特·N. 威尔金(Robert N. Wilkin)的著作《法律职业的精神》一书用简短精炼的篇幅回答了上述问题。作为一本关于普通法宪政发展史的经典论著,《法律职业的精神》以极具理想主义色彩的笔触描述了西方法律职业产生与发展的主要历程,概括了法律职业的精神要义并热情颂扬了法律在世俗社会中的积极作用。可以说,《法律职业的精神》一书为法律人描绘了一处令人神往的"桃花源"——"人们能够在遵守职业准则最高标准的同时过着有益、光辉而又愉快的生活"。[①] 如果我们将目光聚集于当下,就会发现当代中国法律职业精神在丰满理想与骨感现实之间的巨大反差。盘点全国司法系统近年来的腐败大案让人触目惊心,更为严重的是这种触目惊心背后对于每一个法律人法律信仰与职业精神的强烈冲击。根据最高人民法院院长周强 2017 年 3 月 12 日在第十二届全国人民代表大会第五次会议上作的《最高人民法院工作报告》显示,2016 年,"最高人民法院查处本院违纪违法干警 13 人,各级法院查处利用审判执行权违纪违法干警 656 人,其中移送司法机关处理 86 人"。[②] 违法违纪总比例约占全国法院系统工作人员总数(21 万)的 3‰。最高人民法院以及各地法院通报的违纪违法案例让人触目惊心。[③]

律师行业的情况同样也不乐观。从重庆律师李庄案引发的律师职业伦理的讨论,[④]到频频登上新闻媒体头条的"死磕派"律师引发的社会热议,[⑤]虽然这些违法行为

①[美]罗伯特·N. 威尔金:《法律职业的精神》,王俊峰译,北京大学出版社 2013 年版,第 141 页。

②周强:"最高人民法院工作报告",载《人民日报》2017 年 3 月 20 日第 3 版。

③袁祥:"最高法院通报六起法官违纪违法案例",载《光明日报》2009 年 5 月 7 日第 4 版。杨金志:"上海法院系统通报法官违法违纪案",载《新华每日电讯》2013 年 8 月 8 日第 6 版。

④郝凯广:"当代中国律师'公益性'职业伦理之缺失:基于李庄案的思考",载《重庆理工大学学报》(社会科学版)2010 年第 5 期。

⑤王凤涛:"'磕出'中国法治'进步'?——死磕派律师的制度角色与中国司法的策略选择",载《时代法学》2014 年第 6 期;蒋华林:"'磕出'中国法治'进步'!——以死磕派律师的价值辨正为中心兼与王凤涛博士商榷",载《时代法学》2015 年第 3 期。

的表现与原因各异,但都可以归结为相关人员职业伦理的失范和职业道德的丧失。随之而来的疑问是:威尔金法官所描述的法律职业精神的"桃花源"是否存在于当代中国的法律职业中?如果存在,其以一种什么方式存在?其在当代中国是否真的有威尔金法官所说的巨大力量?如果不存在,那么当代中国的法律职业精神又是如何失落的?法律职业精神如何摆脱充满法律道德感的演讲和一厢情愿的说教,而成为引领当代中国法律职业发展的精神力量?

一、法律职业精神:法律职业理想的兴起与失落

所谓职业精神,是指"人们在一定的职业生活中能动地表现自己,反映职业性质和特征的思想、观念和价值取向"。① 威尔金在《法律职业的精神》一书中,从个体角度出发,将法律职业精神的产生与法律职业者个人的德行建立关联,认为法律职业精神的实质是"激励众多伟大人物去热爱、研究、教授、实践和建立法律的意图、神圣感和灵感"。② 这一判断给读者留下了一种法律职业精神产生于"伟大人物"高尚的道德情操的印象,从而将法律职业群体(尤其是法官)推上了让人顶礼膜拜的道德制高点。但是,威尔金法官从个人德行角度得出的论断无疑具有一定的唯心主义色彩,其所得出的法律职业精神产生基础的结论无疑带有很大的主观性与任意性。实际上,在本书译者看来,唯物主义视角下的法律职业精神应当是"法律职业群体在长期的专业服务实践中逐渐形成的价值理念、行为方式、职业操守、精神风貌、制度规范以及相关物质表现的总称,是法律职业群体共同具备的人文素养和专业水平的集中反映"。③ 据此,如果将观察视角扩大到整个英美法律职业群体,从历史唯物主义角度观察法律职业精神的产生,将会得出另外一种结论。

(一)专业知识与团体精神:法律职业产生的前提条件

专业知识是法律职业得以产生与发展的内在要素。所谓专业,一般是指深入掌握某项专门的知识和从事某项事务的技能。④ 在普遍的社会分工过程中,独特的语言系

①邱吉:"培育职业精神的哲学思考——从职业规范的视角看职业伦理",载《中国人民大学学报》2012年第2期。

②[美]罗伯特·N.威尔金:《法律职业的精神》,王俊峰译,北京大学出版社2013年版,第5页。

③王俊峰:"坚守律师职业道德 培育法律职业精神",载《中国律师》2017年第2期。

④山东省法学会课题调研组:"中国律师业产业化发展研究",载《中国律师产业发展理论研讨会论文集》,2002年,第265页。

统、思维逻辑和价值体系是一项工作能够成为专业的前提和基础。法律面向世俗但又超越世俗的特质决定了其与其他领域相比,在语言系统、思维逻辑和价值体系方面的专业性最为明显。作为"第一种可称为专业的职业",①专业知识是法律职业准入的一道天然门槛。专业知识将自然理性与政治权威排拒在了法律职业的门外。因此,当贵为英国皇帝的詹姆士一世心血来潮,欲体验一次当法官的感觉时,柯克大法官以仅凭"自然理性"而未接受专门的职业训练将无法胜任法律职业为由进行了劝阻。②

团体精神是法律职业建立与发展的"精神黏合剂"。团体精神的价值在于,其在法律职业的创建过程中起到了凝聚职业团体、"延续法律体系"、③建立精神纽带的重要作用。从法律职业诞生的历史考察,随着古罗马政治家阿庇乌斯·克劳狄乌斯"公布法律诉讼的形式和历法",④揭开了法律身上的神秘面纱,罗马民众解释与运用法律的需求与日俱增,在公共职位和法律事务上得到不断历练的"杰出人物"和公众人物中那些"生性善谈者"开始与祭司相竞争,涉足法律事务的指导活动,"并最终取而代之"。上述这些能够对外提供法律专业知识的人组成了最初的法律职业群体。这一群体之间最初的联系是十分松散的,既没有行业协会等内部管理与协调的组织,也缺乏统一的职业资格准入标准。这一群体得以存在和发展的最初动力就是"这些法律人在其所从事的职业中形成了一种正当的自豪感以及一种职业感——团体精神"。⑤ 团体精神产生的前提是法律知识的专业化。正是由于法律专业知识所包含的共同的语言系统、思维逻辑和价值体系的存在,各式法律人才能紧密聚拢在一起。同时,也正是由于团体精神的存在,感召了更多人加入法律职业群体,从人员数量上保证了法律作为职业的前提条件。实际上,秉持"团体精神"的法律人的辛勤劳作,又从另一侧面彰显了法律职业的社会价值,再次强化了社会公众对于法律职业的接受与认可。可以说,专业性催生了职业独立,而职业独立反过来又进一步促进了法律职业专业性的强化。

(二)公共精神:法律职业独立的社会基础

公共精神是由法律专业知识辐射社会的特点所决定的。如果说专业知识是一项职

---

①[美]罗伯特·N.威尔金:《法律职业的精神》,王俊峰译,北京大学出版社2013年版,第139页。

②[美]罗伯特·N.威尔金:《法律职业的精神》,王俊峰译,北京大学出版社2013年版,第60页。

③威尔金认为,罗马法律体系之所以延续下来,是因为法律职业精神能够"始终超越于世俗事务的波澜起伏之外"。转引自[美]罗伯特·N.威尔金:《法律职业的精神》,王俊峰译,北京大学出版社2013年版,第13页。

④[美]罗伯特·N.威尔金:《法律职业的精神》,王俊峰译,北京大学出版社2013年版,第7~8页。

⑤[美]罗伯特·N.威尔金:《法律职业的精神》,王俊峰译,北京大学出版社2013年版,第8页。

业产生的前提和基础,那么,公共精神则是一项职业对外辐射其价值理念、赢得民众普遍尊重和承认的主要渠道。法律知识的专业化实现了“物以类聚,人以群分”的功能,为凝聚从事某一事业的团队、推动某一职业的产生提供了前提和基础。但是,仅仅具有专业知识是远远不够的。“任何有价值的工作,都不会没有团队精神,亦不会缺乏社会责任意识。”①而威尔金此处所说的“社会责任意识”实际上指的就是法律职业对外所体现的公共精神。法律职业所追求的公共精神,其本质不在为个人或团体牟利,或仅力求其当事人的私利,而是应将法律作为人类至善的事业,在更广阔的格局下谋求公共利益与司法正义,保障基本权利的实现。法律职业所追求的公共精神要求法律人不能将其专长仅视为赚钱谋生的手段,而是应以其专业知识为核心,以无私之心服务于他人和社会,甚至需要在特定的情形下对抗侵害民众权利的王权与特权。正是在这一意义上,威尔金才说:“法律职业的荣耀就是不断产生反对国王专断意志的领袖”。②

从法律职业的发展史考查,法律职业的公共精神是伴随着法律人与王权和特权的对抗逐渐发展起来的。“在权威对抗的日子,法学家从未缺席。”③公共精神贯穿了普通法发展的最重要的三个时期。在法律职业发展的罗马时期和英格兰时期,法律职业经常受到诸多外在势力的威胁。此时,法律职业精神更多是以一种反对国王特权的“对抗者”的姿态出现在社会大众面前。不论是柯克法官对于詹姆士国王的反抗,还是琼斯法官对詹姆士二世的回答,④都显示出法律职业精神对抗性的特质。“在罗马,职业精神使法律免受法官选举制度的影响;在英格兰,职业精神使法律免受法官任命制度的影响;在罗马共和时代,法律免受谄媚政治家的败坏,在君主专制的英格兰,法律免受专断国王的支配。”⑤可以说,这三个时期让人兴奋的法律人的职业精神,无一不是在和国王与特权的对抗中展示的。当然,法律职业对抗王权是有代价的。“(因为这种对抗)法官丢了职务,国王丢了脑袋。”⑥但经过几个世纪的努力,斗争的成效也是显而易见的。“法律是理性,而非法律是(国王的)意志”的理念得以最终建立。⑦ 在作为英国殖

①[美]罗伯特·N.威尔金:《法律职业的精神》,王俊峰译,北京大学出版社2013年版,第140页。
②[美]罗伯特·N.威尔金:《法律职业的精神》,王俊峰译,北京大学出版社2013年版,第46页。
③[美]罗伯特·N.威尔金:《法律职业的精神》,王俊峰译,北京大学出版社2013年版,第45页。
④琼斯:殿下,您也许能找到12个和您想法一致的法官,但您永远找不到12个跟您想法一致的法律人。转引自[美]罗伯特·N.威尔金:《法律职业的精神》,王俊峰译,北京大学出版社2013年版,第69页。
⑤[美]罗伯特·N.威尔金:《法律职业的精神》,王俊峰译,北京大学出版社2013年版,第55页。
⑥[美]罗伯特·N.威尔金:《法律职业的精神》,王俊峰译,北京大学出版社2013年版,第61页。
⑦[美]罗伯特·N.威尔金:《法律职业的精神》,王俊峰译,北京大学出版社2013年版,第70页。

民地时期的美国，英国国王在殖民地的权威"遭到由代表法律职业精神的人领导的反抗"。[①]

（三）法律商业主义的冲击与法律职业的危机

公共精神的弱化源于法律职业与王权关系的转变。从历史上看，法律职业与王权的关系分合变化很大程度上取决于第三方力量的大小。在教会存在的时期，"当国王试图将世俗管辖权从教会手中夺过来时，法律职业的影响就与国王站在一起。但是，当国王试图将法院作为他们的专制统治机构时，法律职业则与王室分道扬镳"。[②] 然而，随着王权的消失以及现代国家的出现，教会—法律—王权三足鼎立的权力结构最终崩塌，现代国家的力量完成了对法律职业的统摄和领导。这一点也被法律职业的发展历史所印证。"无论是在资本主义兴起时的英格兰，还是在大英帝国鼎盛时期的各个殖民地，法律职业的发展都受到了国家行政和司法体制变迁的实质性影响，并成为构成科层制政府的一支中坚力量。"[③]这一特点在美国法时期变得尤为明显。美国法时期的法律职业开始从行政权力对立面的位置逐步下降，越来越成为国家权力行使的落实者和监督者。联邦司法机构被赋予"解释宪法和保护民众以反对政府权力的滥用"以及"维持政府不同部门之间、各主权州之间以及州与联邦之间的平衡"的职能。[④] 至此，发端于罗马与英格兰时期的法律职业的公共精神最终被制度性地转化进一整套复杂且精密的现代国家结构中。实际上，政治力量驯服了法律职业后，公共精神赖以存在的外在社会条件已经发生了根本性的改变。依赖法律职业者个人情感与道德操守的公共精神的社会基础已经逐渐萎缩，法律职业的主要身份已经不再是为民请命的权利运动的先锋。现代国家中已经很难发生柯克法官硬怼詹姆士国王的情景，即使是在号称三权分立的美国，理论上存在这种对抗的可能性，实际也很难再见到这种法律人和国家权威的硬对抗。

如果说公共精神的弱化反映着法律职业精神赖以存在的外部力量的弱化，那么，现代化进程中"法律商业主义"（legal commercialism）的兴起则进一步加剧了法律职业精

---

①［美］罗伯特·N.威尔金：《法律职业的精神》，王俊峰译，北京大学出版社2013年版，第76页。

②［美］罗伯特·N.威尔金：《法律职业的精神》，王俊峰译，北京大学出版社2013年版，第49页。

③Terence J. Johnson, The State and the Professions: Peculiarities of the British, A. Giddens and G. McKenzie (eds.), Social Class and the Division of Labour (Cambridge: Cambridge University press, 1982), pp. 186 – 208. 转引自刘思达："法律职业的政治命运"，载《交大法学》2013年第1期。

④［美］罗伯特·N.威尔金：《法律职业的精神》，王俊峰译，北京大学出版社2013年版，第106页。

神的失落。现代化创造了人类社会前所未有的发展速度,也为个人提供了追求财富的机会和途径。裹挟在现代化进程中的个人,往往无法抵御财富的致命吸引力。在个人职业追求的价值目标中,职业精神在与物质财富的碰撞过程中显得脆弱不堪。财富的追求成为了很多法律人第一位的职业追求,甚至为了追求财富而不惜牺牲职业操守与道德准则。“许多律师忘却了自己的崇高使命,而一味地追逐财富和虚名。”①这种追逐使得法律职业精神“变得黯弱”,专业精神“在现实的压力之下,从理想中退缩了”。社会公众投向法律职业的目光“日益冷漠”,法律职业甚至因此陷入了“另一个铁器时代”。② 威尔金将职业精神遭遇冲击的原因归结于现代社会的重商主义。“国家的商业化,联同对利润的过度追逐,……逐渐破坏了法律的理想,将法律人的职业转变成法律贩子和政治骗子的行当。”③当然,“法律商业主义”对职业精神所带来的影响却并没有因其作为一种经济思想的没落而消失,“其中隐含的许多文化因素却成为一种影响至今的历史积淀”。④ 商业化对于法律职业精神的侵蚀时至今日依然不容忽视,安索尼·克罗曼在《迷失的律师》一书中专门描述了这种影响。⑤ 安索尼·克罗曼认为“法律服务的商业化、法院工作的官僚化以及法学教育的科学化”,导致了原本应当“以为公众利益献身为宗旨的律师政治家理想正走向堕落与迷失”。⑥ 斯坦福大学法学院 Rhode 教授的《为了正义:重整法律职业》一书也揭示了这样的危机,指出美国法律界正在面临失去其传统的职业灵魂和精神,鼓励社会公德的法律奉献和奖励技术竞争基础上的公正审判的价值体系已经或者开始崩溃。⑦ 法律职业因此遭遇了其产生以来最严重的危机。⑧

二、法律职业伦理:职业精神的规范表达与实效缺失

法律职业的现代化推动了传统法律职业精神向伦理规范的转变。法律职业发展的

①[美]罗伯特·N. 威尔金:《法律职业的精神》,王俊峰译,北京大学出版社 2013 年版,第 126 页。

②[美]罗伯特·N. 威尔金:《法律职业的精神》,王俊峰译,北京大学出版社 2013 年版,第 123 ~ 124 页。

③[美]罗伯特·N. 威尔金:《法律职业的精神》,王俊峰译,北京大学出版社 2013 年版,第 130 页。

④滕海键、马世力:“试析重商主义中的近代经济文化——一种文化的视角”,载《历史教学》2008 年第 12 期。

⑤[美]安索尼·克罗曼:《迷失的律师》,周战超、石新中译,法律出版社 2002 年版,导言。

⑥转引自李学尧:“非道德性:现代法律职业伦理的困境”,载《中国法学》2010 年第 1 期。

⑦李学尧、余军:“法律职业的危机与出路———评 Rhode 的《为了正义:重整法律职业》”,载《法制与社会发展》2004 年第 5 期。

⑧关于美国法律职业危机的讨论,详见李学尧:“这是一个‘职业危机’的时代吗?‘后职业时代’美国法律职业研究的理论综述”,载《中外法学》2004 年第 5 期。

现代化是法律职业伦理产生的社会背景。法律职业的历史演进是一个不断摆脱宗教与王权束缚、不断争取自身独立的世俗化的过程。诚如威尔金所言,"法律的基本理念来自宗教",①然而法律的发展却是一条逐渐摆脱宗教束缚与影响的道路。作为传统法律职业精神替代品的现代法律职业伦理在实践中却并未很好地担负起法律职业精神的功能与使命,其实效性存在很大程度的缺失。特别是在处于社会转型期的当代中国,法律职业规范陷入了徒有"法律规范"的外形,却缺乏"法律规范"实效的尴尬境地。

(一)法律职业伦理:法律职业精神的规范表达

法律职业精神之于法律职业固然有不容忽视的价值与作用,然而,在现代法治视野下,法律职业精神则显得难以进行定义。威尔金将法律职业精神描述为一个"玄妙的精灵",②"它不是陈腐呆板的教条,我们只能感知不能定义。……作为一种精神。它以精神固有的方式活跃着、飘荡着,幽幽不明但又熠熠生辉,来去无踪,或隐或现"。③ 实际上,法律职业精神是法律人所追求的一种道德目标或者道德理想,其本质属于一种法律伦理。而这与现代法治所追求的规范性、统一性、确定性与强制性的理念是相冲突的。随着现代法治理念主导地位的确立,法律职业精神中带有明显宗教色彩的部分被逐渐压缩与舍弃,并最终被体现现代法治精神的法律职业规范所取代。从法律职业自身来说,"法律和法院在国家中的职能,在很大程度上是理智和道德功能在个人身上的延伸"。④ 因此,法律职业自身就蕴含着一种伦理义务。这一背景下,法律伦理规范必须尽可能将抽象的伦理内涵具体化,并对伦理规范的内涵予以充实论述,使之成为共同认知的价值,才能促进法律伦理规范有效地被遵行。

现代意义上的法律职业伦理是指,"法律职业人员(包括法官、检察官、律师、仲裁员、公证员等)在其执业活动中所应当具备或遵循的符合法律职业要求的心理意识、行为准则与规范的总和"。⑤ 法律职业伦理由法律职业道德规范与法律职业行为守则两部分构成,⑥其中法律职业道德规范是对法律职业追求的道德目标的规范化表达,与传统的法律职业精神更为接近,而法律职业行为守则体现了现代法治规范客观行为的特

---

①[美]罗伯特·N. 威尔金:《法律职业的精神》,王俊峰译,北京大学出版社 2013 年版,第 150 页。

②[美]罗伯特·N. 威尔金:《法律职业的精神》,王俊峰译,北京大学出版社 2013 年版,第 152 页。

③[美]罗伯特·N. 威尔金:《法律职业的精神》,王俊峰译,北京大学出版社 2013 年版,第 151 ~ 152 页。

④[美]罗伯特·N. 威尔金:《法律职业的精神》,王俊峰译,北京大学出版社 2013 年版,第 145 页。

⑤高其才:《司法制度与法律职业道德》,清华大学出版社 2014 年版,第 26 页。

⑥迟刚:"法律职业伦理与法律职业共同体的构建",黑龙江大学 2014 届硕士学位论文,第 17 页。

点，是从外在行为（而非内在道德）角度对法律职业从业者的职业行为进行约束，强调的是他律而非自律。从性质上讲，法律职业道德规范更接近传统的法律职业精神。法律职业行为守则的目的在于保障法律职业的从业者如何能够符合基本的职业伦理要求，其回答的是法律人如何“不变坏”的问题。而法律职业道德规范的目的在于追求法律职业理想目标的实现，回答的是法律人“如何变得更好”的问题。在二者的关系上，法律职业行为守则处于基础地位，是法律职业伦理的地板，法律职业道德规范是法律职业伦理的天花板。现代法律职业伦理追求的是规范的“可操作性”。①也就是说，不论是法律职业道德规范还是法律职业行为守则，经过法律条文的规范化表达之后，都具备了法律规范的形式，从而具有了法律效力，这也是其与传统法律职业精神最大的区别之处。有学者因此认为，现代法律职业伦理发展的特点就是只关注行动和规则本身（法律职业行为守则），而不顾及行动者的内在品格（法律职业道德规范）。②

现代法律职业伦理的发展趋势是“去道德化”③或者“非道德化”。④这一趋势决定了在法律职业伦理内部，法律职业行为守则这种规范性、技术性、客观性的表达方式更具优势地位，而与之相反的法律职业道德规范则处于不断边缘化的地位。上述法律职业伦理发展的特点决定了法律行为守则在现代法律职业规范中的优势地位十分明显，并呈现出不断扩张的趋势。以我国的立法为例，目前我国针对法官、检察官与律师分别颁行了不同的职业道德规范与行为守则。与职业道德规范相比，行为守则不论在条文数量和内容上都更占优势。其中，最高人民法院2010年发布的《中华人民共和国法官行为规范》（以下简称《法官行为规范》）共十个部分96条，而《中华人民共和国法官职业道德基本准则》（以下简称《法官职业道德基本准则》）则为七章共30条。最高人民检察院2010年发布的《中华人民共和国检察官职业行为基本规范》（以下简称《检察官职业行为基本规范》）共八个部分53条，而最高人民检察院2016年12月发布的《中华人民共和国检察官职业道德基本准则》（以下简称《检察官职业道德基本准则》）仅5条。⑤中华全国律师协会2017年修正的《中华人民共和国律师执业行为规范》（以下简

①李学尧：“非道德性：现代法律职业伦理的困境”，载《中国法学》2010年第1期。

②李学尧：“非道德性：现代法律职业伦理的困境”，载《中国法学》2010年第1期。

③董静姝：“论法律职业伦理的现代困境”，载《新疆大学学报》（社会科学版）2016年第4期。

④李学尧：“非道德性：现代法律职业伦理的困境”，载《中国法学》2010年第1期。

⑤《检察官职业道德基本准则》的具体内容为：坚持忠诚品格，永葆政治本色。坚持为民宗旨，保障人民权益。坚持担当精神，强化法律监督。坚持公正理念，维护法制统一。坚持廉洁操守，自觉接受监督。

称《律师执业行为规范》）共计九章109条，而《中华人民共和国律师职业道德基本准则》（以下简称《律师职业道德基本准则》）仅6条。当然，与内在的伦理道德相比，外在行为在实际操作中更容易规范化和类型化，这可能也是形成上述情况的影响因素之一。但总体上看，我国法律职业规范现阶段的主要发展方向确实呈现出行为守则的不断细分和类型化的趋势。

（二）“没有牙齿”的法律职业行为守则

法律职业群体自身力量的壮大催生了法律职业行为守则。一方面，普通民众对待法律职业的态度已经发生了转变。如果普通民众之前对法律职业精神的推崇来自于其对自身利益的维护，那么，随着法律职业团体力量的逐渐强大，民众开始对这个力量强大的群体心生忌惮，需要对其行为进行规范，避免其滥用手中的权力转而侵害民众的利益。另一方面，执政者为了回应民众的需求，也为了统治秩序的稳固，也迫切需要对法律职业团体的强大进行管控。这种管控体现在多个方面，其中最主要的就是为法律职业从业者设定了一系列具有约束性的行为规范。然而在实践中，被寄予厚望的法律行为守则对于法律人的行为约束却不尽如人意，其实效性大打折扣。

作为现代法理学上的核心概念，“实效性”是指法律规范是否依照其规范制定的目的，在实际上被遵守或被适用而发生规范的预期效果。[①] 德国法学家罗伯特·阿列克西将法律规范的“实效性”理解为“当某一规范体系得到很高程度的服从或者对于不服从行为有很大概率施加制裁，那么该规范体系就是具有实效的”。[②] 实效性是有效性的法规范所产生的实际效果。从逻辑关系上讲，有效性的法规范，不见得必然具有实效性，然而，需要思考的问题是：为什么有效的法律职业规范，实际上无法被法律人所实际服从、遵守与适用？实效性缺失是我们探讨法律规范效力不能忽视的问题，这一点在法律行为守则中体现得尤为明显。

徒具法律规范之名，而缺乏必要的强制执行力是法律行为守则这类法律职业规范实效性缺失的主要原因。虽然我国关于法律职业的立法中法律行为守则在数量上并不少，但这类规范却并没有进入司法裁判领域，缺乏一般法律规范生效的强制力保障。以

①泮伟江：“常规的例外化与例外的常规化——重新理解中国法律的实效性困境”，载《东方法学》2011年第3期。

②Robert Alexy. The Argument from Injustice：A Reply to Legal Positivism，Clarendon Press，2002，p. 85. 转引自刘叶深：“法律效力理论中的实效性原则”，载《北方法学》2013年第5期。

我国《法官行为规范》为例，其第93条特别规定："各级人民法院广大法官要自觉遵守和执行本规范，对违反本规范的人员，情节较轻且没有危害后果的，进行诫勉谈话和批评教育；构成违纪的，根据人民法院有关纪律处分的规定进行处理；构成违法的，根据法律规定严肃处理。"本条设置了三个等级的处理规则，首先针对"情节较轻且没有危害后果"和"违纪"的情况，设置的是"诫勉谈话和批评教育"及"纪律处分"这种行政机关内部的处罚行为；针对法官的违法行为，要求"根据法律规定严肃处理"。然而，实际的情况是，由于我国法官管理是参照公务员管理的行政化模式，①因此对于法官违反《法官行为规范》的情况，绝大多数是由行政机关依据其内部管理规范和司法人员工作纪律而进行的内部处罚，直到法官违反行为规范的行为严重到了一定程度，才适用《中华人民共和国刑法》追究其刑事责任。② 这种安排所导致的直接结果就是：作为规范约束法律行为的《法官行为规范》被搁置了——轻微违法用不上，严重违法不够用。为了进一步说明这一问题，笔者以"法官行为规范"为关键词，在中国法院裁判文书网进行检索。检索结果显示，全国各级法院公开的判决文书中涉及"法官行为规范"的共有103件。但翻阅这些判决书会发现，103件案件中，违反《法官行为规范》的字样均出现在当事人的诉讼理由中，法院认定事实和法律依据中，无一涉及。这一事实至少表明：站在当事人的角度，即使其知道上级法院的法官可能并不具备直接处分下级法院法官违法行为的职权，当事人仍然对以法律形式体现的《法官行为规范》充满期待，希望法院判决能够对法官违反《法官行为规范》的行为予以关注和认定。但是，从法院角度看，各级法院一致性地采取了视而不见的态度，几乎没有对当事人主张的法官违反《法官行为规范》的诉求在司法判决中进行回应，在判决书中也从未提及过《法官行为规范》这一法律文件。可以说，法院在司法实践中并未将《法官行为规范》当作法律看待。《法官行为规范》在理论与实践中表现出的巨大反差，折射出了我国法律职业规范权威日渐下降的事实。

（三）进退维谷的法律职业道德规范

如果说法律行为守则在现代法律职业伦理中是"一家独大"的话，那么，法律职业道德规范的位置无疑是尴尬的。一方面，法律行为规范发展出来的技术性与规范性对

①王舒："历史视角下的我国法官管理制度改革"，载《法律适用》2016年第2期。

②焦占营："司法人员职务犯罪问题研究——以50起法官职务犯罪案件为样本的分析"，载《河南社会科学》2011年第5期。

于法律职业道德规范的影响力巨大。这种影响下的法律职业道德规范也尽可能通过细致的情形列举来追求规范的可操作性。这一点在我国的《法官职业道德基本准则》中体现得尤为明显。最高人民法院2010年12月6日发布了修订后的《法官职业道德基本准则》,共七部分30条,与2001年《法官职业道德基本准则》的50条相比,条文数目减少超过1/3。但是仔细考查最新的《法官职业道德基本准则》,其与《法官行为规范》的立法宗旨均是为了体现"公正、廉洁、为民"的司法核心价值观,二者的立法思路皆是以规范法官的行为作为出发点和着眼点,这在很大程度上决定了《法官职业道德基本准则》与《法官行为规范》在诸多条文上存在重合。例如,《法官职业道德基本准则》第3条对法官业外活动进行了规定。[①] 而《法官行为规范》第80条也同样规定了法官业外活动的基本要求。[②] 二者除了措辞有所不同外,基本内容和要求是一致的。《法官职业道德基本准则》第13条关于公正审判的规定,涉及司法回避、公正审理以及不私自单独会见当事人及其代理人的规定,[③]同样也出现在《法官行为规范》中,[④]只不过《法官行为规范》比较细致、分散地规定了上述问题。类似的重复性规定在《法官职业道德基本准则》与《法官行为规范》中并不鲜见。总体看,《法官职业道德基本准则》更像是一个浓缩版的《法官行为规范》。实际上,这种相似一方面会造成立法资源的闲置与浪费,另一方面也会给法官留下无法区分职业道德准则和行为规范的困惑。

与《法官职业道德基本准则》相比,《检察官职业道德基本准则》和《律师职业道德基本准则》则显得相对克制很多。《检察官职业道德基本准则》和《律师职业道德基本准则》法条数量分别是5条和6条。二者试图用较少的条文数目体现道德标准的模糊性和内在性,突出立法者对于法律职业的伦理期待。职业道德通常与伦理困境相伴而生。此处所谓法律职业者的伦理困境主要是指法律职业者在从事专业职务时,无论是在法律伦理之间,还是在法律伦理与一般伦理之间,基于道德上的需要要求法律职业者的行为满足两种相悖的伦理目标,而法律职业者无法同时都做到的情形。[⑤] 换句话说,

①《法官职业道德基本准则》第3条:法官应当自觉遵守法官职业道德,在本职工作和业外活动中严格要求自己,维护人民法院形象和司法公信力。

②《法官行为规范》第80条:(一)遵守社会公德,遵纪守法;(二)加强修养,严格自律;(三)约束业外言行,杜绝与法官形象不相称的、可能影响公正履行职责的不良嗜好和行为,自觉维护法官形象。

③《法官职业道德基本准则》第13条:自觉遵守司法回避制度,审理案件保持中立公正的立场,平等对待当事人和其他诉讼参与人,不偏袒或歧视任何一方当事人,不私自单独会见当事人及其代理人、辩护人。

④《法官行为规范》第27条第6款是关于司法回避的规定,第40条涉及与当事人接触的规定。

⑤赵汀阳:"有轨电车的道德分叉",载《哲学研究》2015年第5期。

实践中需要法律职业道德发挥作用的时候，往往是法律人陷入伦理冲突与伦理矛盾的时候，选择法律职业伦理意味着可能要舍弃或者背离另外一套伦理体系。这种舍弃或者背离通常是不容易做到的，有时候需要清晰的理性思考，有时候需要做一个孰先孰后的顺序排序。但也有理性思考和顺序排列全然无法解决的情形，比如哈佛大学法学教授朗·富勒(Lon L. Fuller)虚构的"洞穴奇案"中，[①]面对生死存亡的时候，是否能牺牲少数人的生命而保全多数人的生命，这实在是一个让人无法简单选择的伦理困境。伦理困境在我国的司法实践中也并不鲜见，律师行业尤其是其发生的"重灾区"。按照我国《律师职业道德基本准则》的规定，律师职业的基本道德准则包括忠诚、为民、法治、正义、诚信、敬业六个方面。从字面上看，上述六个方面似乎各自独立，互不干扰，但是在实践中则可能存在矛盾与冲突。例如，律师在专业职务运作过程中，其代理的当事人告知律师其欲作伪证，此时律师则面临着一种两难的选择。一方面，律师因为当事人的信赖，所以知悉当事人欲作伪证，此种信赖乃是律师这一职业得到社会认可的重要心理基础；另一方面，作为法律职业共同体的一员，律师又对法院、检察机关与司法警察机关乃至社会公众负有诚实不得欺瞒的义务。此时基于专业伦理所产生之道德上的义务就发生了冲突，如果此时律师没有办法在基于守密义务与诚实义务之间进行合理的价值排序和取舍，就会陷入两难的困境。面对这样的伦理困境，道德准则应该是一整套道德体统的冰山一角，显露其上的只不过是其浓缩的一部分，道德准则冰山下的部分负责的是从伦理层面给予法律职业群体接收冰山上浓缩的道德准则的理由，指出一条达致上述目标的可行路径。显然，上述道德准则并没有对于法律职业者遭遇的伦理困境给予关注，也没有在此基础上指出一条如何实现这些伦理期待的有效路径，颇有"望梅止渴"之意。

三、重寻职业精神：职务法庭的建立与法学教育的延伸

法律职业伦理是法律人追求公平正义、实现法治目标的保障。法律职业伦理的效果能否得到真正的发挥，关乎职业发展的走向与存亡。现代法治在追求规范性与强制性的同时，也遗失了作为一项职业发展的最为重要的道德力量——职业精神。[②] 作为

①[美]彼得·萨伯：《洞穴奇案》，陈福勇、张世泰译，生活·读书·新知三联书店2012年版，第26～28页。

②关于现代法律职业伦理"非道德化"的发展趋势，参见李学尧："非道德性：现代法律职业伦理的困境"，载《中国法学》2010年第1期。

根植于法律职业群体内心的一种理性和自觉的道德力量，法律职业精神“使法律职业具有认同感、归属感、使命感，能够增强法律职业的凝聚力、向心力和感召力”。① 传统法律职业精神到现代法律职业伦理的转变无疑削弱了法律职业精神的力量，而缺少了法律职业精神提供的精神指引，法律职业在物欲横流的世俗社会中渐渐失去了发展的方向与目标。如何重新寻回法律职业精神，为法律职业建立一个可以为之努力的精神灯塔，是现代法律职业伦理建设面临的重要问题。

（一）职务法庭的建立与职业行为守则的司法适用

建立专门的职务法庭是赋予法律职业伦理规范以生命力的必要条件。以法律形式颁布的法律职业伦理规范，特别是其中的法律职业行为守则如果在司法实践中不能够适用，无疑是立法资源的巨大浪费，同时也会对法律的公信力产生严重的损害。在我国目前的司法管理体制下，要求各级法院直接适用法律职业行为守则显然并不具备主客观的条件。目前，最为可行的办法是建立专门的职务法庭乃至建立专门的职务法院，作为专门的司法惩戒机构，适用法律职业行为守则，对法官、检察官的违法行为追究责任。在处理法律职业从业者违反法律伦理规范时，可以参考国外类似职务法庭的做法，直接援引《法官行为规范》与《检察官职业行为基本规范》的条文，通过解释、推理，得出正式具有规范性和约束力的裁判。只有这样才能提升我国法律伦理规范的约束力。

专门的职务法庭的建立就是为了顺应世界范围内维护法律职业伦理，规范法律职业行为的专业化与公开化这一大趋势。司法惩戒实际上是要在专业性与民主性之间艰难地寻求平衡。一方面，由于法律职业者犯错多涉及专业领域，专业化要求法律职业规范的使用需要经过专业的审查和判断，而不能由主管首长个人决断。专业化意味着采取“同侪审判”方式，将法律专业问题交给法律专家解决。专业审判也保证了法官能像普通人一样公平地接受司法审判的权利，避免了行政的专断和任意。另一方面，司法关涉人民权利，人民有权介入监督。特别是为了避免“同侪审判”沦为审判机构内部的门户清理，引入外部监督机制尤为重要。例如，德国的职务法庭原由职业法官组成，后来为避免惺惺相惜和同事情谊所可能产生的偏袒，又选任律师成为合议庭成员，增加了透明性，通过公众参与也提高了裁决的可接受性。② 但这种引入又要慎之又慎，一不小心

①王俊峰：“坚守律师职业道德　培育法律职业精神”，载《中国律师》2017 年第 2 期。

②王葆莳：“德国法官惩戒制度研究”，载《时代法学》2017 年第 3 期。

就会转身陷入舆论审判的泥淖。各个国家和地区为了实现上述目标纷纷建立了各具特色的法律职业伦理的司法适用制度，其中我国台湾地区法官“评鉴与惩处”制度最具代表性。

早期台湾地区的法官与检察官在性质上属于公务员序列，因此早期仍依公务员惩戒制度，参照“公务员服务法”作为惩戒基础，并没有特别针对法官在职务上或职务外行为所应遵循的规则。[①] 虽然台湾地区之后公布了专门的“法官守则”与“检察官守则”，但也几乎没有被援引作为惩戒基础。直到2010年“白玫瑰运动”的出现，这一情况才得以改变。[②] “白玫瑰运动”促使“法官法”2011年通过初审，增设了不适任法官的退场机制。同时“法官伦理规范”“检察官伦理规范”，都于2012年1月6日起正式施行，分别取代原“法官守则”与“检察官守则”。2012年，台湾地区成立了“职务法庭”，开始引用“法官法”与“检察官伦理规范”作为判决基础。这些判决均以“惩戒决议书”“法官惩戒判决”“检察官惩戒判决”的名头，按照法律裁判文书标准的推理与判断，得出结论，并向社会公开。“评鉴与惩处”制度对于“违反法官伦理与言行不当的法官交付个案评鉴，避免了法官以审判独立、职位保障之名，对人民行司法独裁之实”。[③] 实际上，“职务法庭”并不是台湾地区首创，德国、日本等国家早已有之。作为司法程序的重要环节，“职务法庭”贯彻了公开审理、言词辩论、辩护、最后陈述等相关制度，在保证法官的退场和惩处机制顺利运作的同时，又通过正当程序提供了法官的身份保障。总体而言，台湾地区司法惩治机制与英美国家相比，“总体上偏重于政府管理”，但“对惩戒处分的执行方式比较严谨，能有效保障惩戒效果”。[④] 考虑到政府管理的特点恰恰也是大陆地区现行司法惩戒制度的主要特点，台湾地区司法惩戒制度对于大陆地区司法惩戒制度的完善具有重要的参考意义。实际上，大陆地区的司法惩戒制度也正在不断地探索和完善。在顶层制度设计层面，最高人民法院2015年年初已经正式提出成立国家和省级的惩戒委员会。最高人民法院和最高人民检察院于2016年10月16日联合颁行的《关于建立法官、检察官惩戒制度的意见（试行）》还一定程度上规定了惩戒的总体事项。[⑤] 从省级层面看，辽宁省于2016年9月份成立了“法官检察官遴选（惩戒）委

①陈泉生：“台湾律师制度评介”，载《福建论坛》（经济社会版）1990年第12期。
②王上仁：“台湾地区法官评鉴与职务评定制度”，载《人民司法》2015年第9期。
③王上仁：“台湾地区法官评鉴与职务评定制度”，载《人民司法》2015年第9期。
④姚秀兰：“台湾、香港律师惩戒制度比较研究”，载《深圳大学学报》（人文社会科学版）2002年第2期。
⑤赵信会、林琳：“论司法责任制下的检察官惩戒”，载《河北法学》2017年第3期。

员会”，其主要职能是在推进员额制的大背景下完善法官检察官的遴选程序，未来将会涉及省内法官检察官的惩戒问题。广东省、山西省等个别省份已经于2017年伊始，开始成立专门的惩戒委员会。当然，惩戒机构的建立仅仅是开始，涉及具体的惩戒事由、惩戒程序、惩戒措施等问题，仍有一段很长的路要走。

（二）伦理消耗与法学教育承载的伦理补充功能

法律职业精神的养成和践行，“既有赖于法律人个人的理性自觉和自我约束，也有赖于大学的教育和法律行业协会的督促”。[①] 作为现代法律制度建设的重要一环，法学教育足以影响法律制度的变迁，而法律制度的变迁也会反过来影响和决定法学教育的走向。二者的变迁与功能之间的互动，足以影响司法制度运作的成败。因此，要培养与提升法律专业者的素质，必须从法学教育与法律职业精神养成的过程着手，发挥教育对于精神伦理的教化作用。

为了更形象地说明法学教育之于法律职业伦理的重要作用，有必要引入一个新的概念——“伦理损耗”。这一概念借用于心理学上的“自我损耗”理论。[②] 这一理论主要被用来解释人类社会生活中出现的各类自我调控失败的问题，也就是要回答“好人”为什么会作出“坏行为”的问题。[③] “自我损耗”理论在继承弗洛伊德关于自我本我关系的观点基础上，[④]主张：如同人类身体活动需要消耗能量一样，人类的自我调控也依赖于一种数量有限的心理能量，这种能量经过消耗之后也会出现暂时性的减少，“致使个体处于一种自我损耗（ego－depletion）状态，进而导致个体在随后的自我调控任务上的表现下降”。[⑤] “伦理消耗”借鉴了“自我损耗”理论的解释原理，认为人类内心的伦理能量也是变化的、有限的，在陷入伦理困境进行伦理选择时，无论其做何选择，其内心对于职业伦理规范的确信都会因此遭到消耗。这种“伦理消耗”如果不能得到及时的补充，那么，当事人在接下来的伦理困境中进行正确伦理选择的成功率就会降低，最终出现丧失职业伦理的情况。实际上，“伦理损耗”要强调的是一个常常被忽略的事实，即法律

①黄文艺：“法律职业共同体具相同伦理精神”，载《中国社会科学报》2010年10月26日第10版。

②“自我损耗”是美国心理学家Baumeister等人于2000年基于自我控制提出的一种心理学理论。参见谭树华、许燕、王芳等：“自我损耗：理论、影响因素及研究走向”，载《心理科学进展》2012年第5期。

③任俊、李瑞雪、詹鋆等：“好人可能作出坏行为的心理学解释——基于自我控制资源损耗的研究证据”，载《心理学报》2014年第6期。

④袁冬华、李晓东：“自我损耗：关于自我调控的一种能量模型”，载《华南师范大学学报》（社会科学版）2009年第1期。

⑤袁冬华：“自我损耗效应及其克服：积极情绪的作用”，2009年东北师范大学博士学位论文，摘要。

人的法律职业伦理是一个动态的概念,伦理消耗也是一个客观存在的事实。如同刀用久了会钝,衣服穿久了会脏的道理一样,只要法律职业者面临两难的伦理困境,在两种相互冲突的伦理之间取舍,如果这种取舍得不到其内心的充分确信和论证的话,外在强行的取舍命令只会导致行为人对这种取舍的伦理基础和正当性产生质疑,最终出现职业伦理的损耗。法律职业过程中的伦理损耗通常发生在职业伦理困境中。这种伦理困境产生的原因主要有两方面。一方面是伦理规范的性质使然。由于法律伦理规范涉及价值判断,而价值判断属于一种个人主观的、相对的判断,缺乏客观的、单一或绝对的判断标准,这就导致在多种选择之中容易出现难以抉择的情形。另一方面是由法律伦理的特殊性决定的。法律伦理规范体现了全社会对于法律职业的较高的伦理期待,而伦理期待的程度一旦提高,则当事人要满足的伦理义务就会增多。这种高度的伦理期许中可能既要求法律职业者维护社会公共利益,又要求其体现法律职业的道德规范,一旦无法同时满足,就容易陷入顾此失彼的伦理困境。例如:法律职业者在执行职务行为时,可能发生与道德理由相冲突的情境,面临有两个或两个以上的伦理要求,但不可能全部满足,选择其中一个势必放弃另一个,该如何权衡轻重进而有所取舍便是一种伦理困境。

法学教育应当担负起培育法律伦理的重任。伦理消耗虽然是无形的,甚至很多时候当事人也很难清楚地认识到,但其仍是一个客观存在的事实。面临这种伦理消耗,一般情况下可以依靠法律人自行予以填补,例如法律职业者可以通过一次一次对于职业规范的坚守而强化内心的法律职业伦理要求,使受损的法律职业伦理回复圆满的水平。但在某些特殊情况下,个人的自我强化显然不能完全填补这种伦理消耗,必须要得到外在的补充才能回复圆满的伦理水平。而这种外在的补充显然离不开法学教育。法律人在大学法学院所接受的法律课程(特别是法律职业伦理和精神方面的课程)教学、课外法律训练和学院文化的熏陶,潜移默化地型塑着法律人对法律职业的角色、伦理和精神的理解。① 这些看不见的转变也正体现了法学教育的真谛,即法学教育的深层意义就在于培育和传播法律伦理观念,通过人格的熏陶以塑造法律人特有的人格特质与品格修养,建立其伦理规范意识。只有这样才能避免因忽视职业伦理教育,而培育出“只知法条,不通伦理”的法律工匠。

①黄文艺:“法律职业共同体具相同伦理精神”,载《中国社会科学报》2010年10月26日第10版。

现代法学教育的培养目标应当是“德才兼备”，其中的“德”主要指的就是法律职业伦理。这就决定了首先要在大学法学教育阶段以及司法考试中强化法律职业伦理的学习和训练。目前国内各法学院校的“法律伦理学”课程一般设置为一年级的基础课程，往往以知识的传输和记忆为主。但实践中法律职业的伦理困境却是出现在具体的司法过程之中，这种困境是真实而具体的。但是在模拟法庭活动中却很少涉及针对这类伦理困境的模拟和训练。因此，大学阶段的法律职业伦理教育不应局限于理论课程，也不应局限于课程设定的理论内容，而应当采取广泛借鉴模拟法庭、案例分析以及专题研讨等多种形式，向上和法理学融通，积极讨论当事人在伦理困境中进行取舍的更为充分和正当的理论解释，向下和部门法相衔接，针对具体的案例讨论造成伦理困境和伦理选择失败的制度因素。法律伦理教育的目标是培养具有伦理规范意识的法律职业者。其在面临伦理困境时，能够更为清晰地明确其身为法律职业者应该以伦理规范要求为先，当产生伦理规范要求与个人自身利益相冲突时，应以其职业规范的特殊性，优先着重于前者的考虑；义务与义务相冲突时，除了具有伦理规范意识之外，还必须有足够的经验去判断。从而真正将法律伦理教育融汇到大学法学教育的全过程中，切实提高法律伦理教育的实效。

其次，法学教育应当发挥“伦理补充”的功能。上文提出的“伦理损耗”针对的是这样一种错误认识：只要在大学法学教育中进行了法律职业伦理方面的学习和训练，就可以将法律职业伦理丢给法律职业者本人，只要其出现了法律职业伦理方面的问题，那一定是其个人的意志不坚，德行不高。实际上这种认识是不客观的，也是不科学的。既然承认法律职业伦理损耗会发生在法律职业的全过程中，那么，那种试图通过大学法学教育想毕其功于一役，要一劳永逸解决这一问题的想法无疑是不负责任的。也就是考虑法律职业伦理损耗发生的持续性和常态性，针对这种伦理损耗所进行的伦理补充也应当是持续的和常态的。因此，法律伦理教育也应贯穿于法律执业过程中。虽然我国相关法律也专门规定了法官、检察官的培训制度，①但这些规定的具体实施和保障措施仍有很大的不足，实际的培训效果也并不令人满意。② 值得注意的是，未来我国法律职业培训制度的完善过程中，需要对那些违反了伦理规范的法律职业者进行特别关注。根

①我国《法官法》第26条规定，对法官应当有计划地进行理论培训和业务培训。《检察官法》第29条在规定应对检察官应当有计划地进行理论培训和业务培训的同时，进一步规定检察官的培训要贯彻理论联系实际、按需施教、讲求实效的原则。

②李颖、陈倩、王宝鸣：“预备法官培训的实践性不足与改进”，载《人民法院报》2016年1月7日第8版。

据“伦理损耗”理论，违反了伦理规范的法律职业者内心的伦理水平已然受损，职业培训就是要针对这种“伦理损耗”进行“伦理补充”。在具体的制度设计上，可以将法律伦理教育培训作为单独的法律惩戒手段，可以在对相关法律职业者进行惩戒的同时，附带参加法律伦理教育培训的处分。在此基础上，可以依据惩戒措施的不同，分别设定不同的法律伦理教育培训的时间和等级，从而增加培训的针对性。同时，在实施法律职业培训的机构上，可以积极拓宽法官检察官在职进修的渠道，即除了现有的诸如法官学院、检察官学院这种专门的培训机构外，充分利用高等院校这一社会资源，将更多的地方性、专业性法学院校纳入培训机构的范畴，一方面节约了社会资源，另一方面也有助于培训制度真正的推广和落实。

当然，以上强调的都是精神伦理这种内在因素。实际上，法律职业精神失落的背后也有制度缺陷的影子。制度设计的漏洞与缺失也给部分法律职业者以不正当的暗示，一定程度上也助长了其破坏法律职业伦理规范的行为。因此，重新寻回法律职业精神的道路同样也是一条法律制度建设不断完善之路。

四、余论：寻找的意义远大于结果

对于如何在当下中国的语境下重寻法律职业的精神，各个学者虽讨论得热烈，但结果仍莫衷一是。[①] 本文没有提出终局性的解决方案——甚至在笔者看来，终局性的解决方案可能也是不存在的。对于当代中国法律职业精神这一话题而言，“寻找”的意义远大于结果。毕竟，我国的法律传统及其起源和英美国家存在很大的不同。社会结构、文化传统等一切历史的要素是法律产生和发展所需的养分，基于不同的法系，司法和围绕司法的一切法律活动的逻辑自然也不同。事实上，回过头来看《法律职业的精神》这本书，它的积极一面可能就在于提出了法律职业精神的命题。法律职业精神或者法律职业伦理的存在对于个体的意义就在于，让每一个法律职业者为自己的工作和存在寻找一个除了薪酬之外的更有价值的理由。说到底，如果法律职业精神真的是一座“桃花源”，那么我们追寻他踪迹的过程本身就已经实现了法律职业精神的初衷。正如威尔金在《法律职业精神》一书最后所说，“精神的东西，会按精神的方式进行，而获得这一精神最好的办法就是崇尚它，只有崇尚才能根植于心，为灵魂所拥有”。[②] 在这个意

①王凌皞：“应对道德两难的挑战儒学对现代法律职业伦理的超越”，载《中外法学》2010年第5期。

②[美]罗伯特·N.威尔金：《法律职业的精神》，王俊峰译，北京大学出版社2013年版，第150页。

义上，法律职业精神更像一座需敬仰默视的纪念碑。虽然这种“仰视”无法兑换成牛奶和面包，但它却是浮躁社会中的一支镇静剂，让我们在这个喧嚣的社会能够找到自己从事法律工作的超越一般名利的更为深层的价值和意义。

［责任编辑：夏婷婷］

法史答问录

问曰：王老师：您好！学生最近读书时有一小小困惑，想请教老师。不知道《唐六典》中所提到的“法官”是何意思？是否为三法司主要官员的泛指？还是特指大理寺官员。比如，《唐六典·大理寺》中有：凡吏曹补署法官，则与刑部尚书、侍郎议其人之可否，然后注拟。这里的法官是否特指大理寺卿？还是泛指三法司？

答曰：应该是特指大理寺的丞、司直、评事等直接审理案件的官员。因为这些官员必须具备专业素养，不是仅凭科举考试出身的士子所能比的。

又问曰：谢谢老师解答。学生看到《旧唐书》中另有：“自今有犯死刑，除十恶罪，宜令中书门下与法官详所犯轻重，具状奏闻。”感觉唐代的“法官”似是一特定称谓，指三法司直接审理案件的官员。不知学生这样的感觉是否有道理？

再答曰：中国古代“法官”一词出现得很早，如《商君书·定分》：“吏民欲知法令者，皆问法官。”这里的“法官”是指“以吏为师”的法吏，与后世的法官概念不尽相同。据《旧唐书·太宗纪》载贞观元年（627），李世民命长孙无忌、房玄龄与学士、法官等厘改《武德律》，这次修律历时十年，至贞观十一年（637）才“颁新律令与天下”，是为《贞观律》。贞观立法，强调以学士和法官相结合，与此前之立法，仅仅强调以“当朝通识之士”立法相比，要求具有专业知识和司法实践经验的法官共同参与立法活动，是一大进步。自此之后，法官一词就经常出现。《旧唐书·职官志二·吏部》“考功郎中员外郎条”，官员的考课之法为“四善二十七最”：“其九曰推鞫得法，处断平允，为法官之最。”这里的法官，应该是特指大理寺官员。你认为“法官”是指三法司官员的泛称，我认为不太合适，如你所引《唐六典·大理寺》官员吏部补署法官，须与刑部尚书、侍郎合议其可否，这就说明刑部官员不是法官。至于御史台在唐初不参与审判事务，武则天时才命御史推鞫制狱。御史的考词是“其十六曰访察精审，弹举必究，为纠正之最”，与法官完全不同。此外，“三法司”一词，出现在唐代后期，所以愚以为，“法官”一词还是仅指大理寺的司法官员为妥。拙见请参考。（王宏治）

·品读堂·

《带灯》:一个民族的法治秘辛

何　剑*

目　　次

在关乎法律的叙述中,最引人重视的通常是立法文件、司法判例、法理论著等。这很大程度上是因为其"纯粹"性。在这些文本中,"法",被尽力呈现为一种经过高度"提纯"而迥异于日常生活经验的事物。以此面目示人的法律,固然优长于精准严谨,却也多少给人以"不食人间烟火"的隔膜感。其实,法律,作为一种"从社会中来"还需"到社会中去"的规范,其真实意义注定只能从鲜活的社会生活中去测量。而最擅长对社会生活"见微知著"者,当然莫过于文学。作家贾平凹的长篇小说《带灯》,便是这样一部以文学笔触透视中国基层社会法治现状的佳作。

《带灯》是一部农村题材的长篇小说。这样的小说,在传统定位上,似乎应当向"史诗"看齐。然而,它却不似一些前辈作家的作品,既无意于唱响政治主旋律,又无意于烘托历史的厚重感。事实上,它的"书写"风格似乎相当散漫:全篇乃由若干个自由命名的小片段组合而成,而每一个小片段,似乎只是信手拈来,随机记录某一人物、某一场

* 何剑,法学硕士,陕西省汉中市人民检察院。

景、某一心情。所以这些片段,经由一个叫“带灯”的镇政府综治办女干部之所历、之所思,而终于“形散而神不散”。这样的写作手法,在很大程度上服从于描述的对象:这不是柳青《创业史》中的农村,不是陈忠实《白鹿原》中的农村,而只是中国当代的农村。小说通过一个自名“带灯”的镇政府女工作人员的所见所历、所思所想,反映了中国当代农村千头万绪、“按下葫芦浮起瓢”的问题格局。在全景式呈现农民生活境况的同时,也刻画了基层工作者的精神世界和生存状态。小说用白描的手法,使人真切地感到:农民真苦,基层真苦。不只是安守本分、无力自救者苦,也包括那些“辛苦恣睢”(鲁迅语)的人们。因为懦弱也好,张狂也好,缺乏人之尊严的生活在根底上都是苦的。苦,当然首先联系着贫穷,但贫穷却很难完全归因于客观化的物质条件,而往往暗示着机会和资源分配可能的不公;至于“不幸”,也绝非个体偶然的际遇使然,而是与制度、观念、环境等的因循、束缚不无关系。

一、乡土中国的前生今世

农村,当然从来不是与世无争的世外桃源。然而,小说中呈现的矛盾纠纷依然迥异于传统意义上的乡土中国——婚姻、继承、借贷,诸如此类的“民间细故”是后者的故事情节,不难看出,这些事宜都与家庭伦理有着或直接或间接的关系;而在小说中,冲突的发生,至少在更尖锐、更棘手的层面上,却是来自招商引资、征地补偿、务工伤残等事件。从这些事件完全可以向上追源国家现行体制、政策等更宏大的主题,这一点直接决定了大量的矛盾纠纷无法在乡土自治的内部经由所谓家法族规、道德教化而得以消化,还意味着,在这些群体性的事件和纠纷中,尽管真实存在着对于个人人身财产权益的侵害,却又往往很难通过法律而顺利维权。行政的力量,往往在与“麻烦的制造者”难脱干系之同时,责无旁贷地扮演“麻烦解决者”的角色,其窘迫处境可想而知。在这样的背景下,维稳成为压倒一切的工作第一要务,民主、法治等主张则不能不被束之高阁,“抽象地肯定”再“具体地否定”。就在这样的过程中,日复一日,许多基层工作者的形象在不经意间变得冷硬、狡黠,软硬兼施是家常便饭,摆平麻烦是真本事,不再轻易为某一草民的不幸而“感情用事”,亦不喜用良心或底线作为衡量自我行为的尺度。而带灯的可贵之处,正在于恪守“维稳”职责本分的同时,仍然保留了对于具体的、鲜活的“人”(而不只是作为“维稳”对象)的尊重、同情与关切。

(一)恶之力

“发展与稳定”的宏大旋律有如巨浪席卷而来,任谁都无法置身事外。利益重组催动“人”的由内至外的迅速分化。在这片不复恬静的土地上,有背井离乡的辛酸,有无权无势的隐忍,有踌躇满志的筹谋,有眼明手快的钻营。现实的“无间道”来去各色人等,他们眼神暧昧,面孔斑斓,无法简单用道德尺度作深刻丈量。如小说中的“元氏兄弟”,横行乡里,好勇斗狠,身上有许多“恶”的表征。然而,毫无疑问,他们也成为改革转型中一股相当活跃、有为而不容忽视的力量。尽管时有作奸犯科、损人利己之行,但这些多被归于“小节”。因为他们是“能人”,有制服“刁民”的手段,有挖掘“商机”的头脑,有能耐为基层主政官员的政绩添砖加瓦,从而被后者纳为“盟友”甚至于在一定程度上引为“心腹”。这不仅令人想到黑格尔的名言:恶是推动历史发展的原动力。也不仅会思考这样一个问题:推动改革前行的,究竟是一种怎样的力量?对此,在接受官方决策之宏大叙事的同时,“元氏兄弟”也许足以提供另一种维度的思考。那种明显背离于“善”的幕后推手,倘若从生活的幕布上剥离,在宏大意义上或可称之为改革的“原始积累”。然而,“漂白”也好,“正名”也罢,这种积累,这种推力所内蕴的“非道德性”,绝对不是无关宏旨的末节。我们看到,经过几十年的发展和稳定,一些昔日的“能人”已经越发坐大,甚至成为称霸一方的黑恶势力。与这些人从“灰色”向“黑化”蜕变同步的,是基层组织的空壳化、傀儡化乃至基层官员的腐化。事实证明,对于这些地方强梁,依靠为官者的权术驾驭无法保证不出轨。由兹产生的恶果,要么是尾大难去,架空基层政权,要么是“近墨者黑”,结成利益共同体。而一种靠“恶”开拓的改革力道,固然可能摧枯拉朽,但倘若姑息放任,又如何确保其膨胀无违于我们整体事业的初心?近年来,地方基层组织的涣散,家族黑恶势力的猖獗,已经日益引起最高当局及社会公众的关注。有道是“冰冻三尺,非一日之寒”,围绕改进农村自治的一些旨在“换土”的规划也在向实践推进,如近年来颇受追捧的“乡贤”制度。其实,在中国农村变迁史上,“家族势力”从来就是一个绕不开去的重要子目。以绝对的道德法则称量,我们无需忌讳“家族势力”造恶的事实。若套用阶级斗争的观点,似乎就更是如此。然而,在“乡土中国”的时空版图上,“家族势力”还扮演了光彩的文明的角色,如调解纠纷、主持公道,筹划慈善、接济贫弱等。对这些不能一笔抹煞,尤其不能否认的是他们凝聚和发扬儒家伦理精神这一文化品格和使命。他们的群体,也常被冠以一个颇为优雅的称谓:乡绅。只是,旧时的大家族所承载的这种文化品格和使命,在今天的基层似已荡然无存,取而代之的以种种可见或看不见的巧取豪夺、争权夺利居多。尽管,被称为中国改革开放总设计师的邓小平曾多次阐述过他的“两手抓”“两手都要硬”的主张,但这样的主张似乎并未完全锲入地方治理的现实逻辑,以致农村的贫瘠,不只是秩序的贫瘠、公正的贫瘠,也是文化的贫瘠。

(二)"讼师"——皮相与骨相

如果说人心趋利向来如此,则我们仍然要看到,传统中国的政治、经济、文化无论提供多少外来刺激,在相对封闭和单一的田园生活中,"安守本分"也许更容易成为一种自然的生活态度。而小说中所呈现的已是完全不同的农村画卷。我们看到,人们围猎利益之心已如杂草般四下里包抄而来。"元家兄弟"既能摆平麻烦也能制造麻烦,"书记"既解决矛盾也利用矛盾。在投机心理的驱使下,甚至于纠纷本身也被当成一种可以带来收益的资源——这一点,在王后生这个人物的身上得到了典型化体现。这是一个类似于中国古代"讼师"式的人物。(传统与现实在这里又戏剧化而有必然性地联结在一起。)"讼师"是中国古代颇为"讨嫌"的一种人,因为他们挑拨词讼,滋生事端,被官方目为不安分的刁民,于社会稳定和民风淳朴有害,从而多加打压。同时,讼师中又似乎多有唯利是图、心术不正之徒,他们坑蒙哄骗,出尔反尔,在民间也多留"骂名"。尽管如此,讼师又始终能够活动于民间社会,间或还相当活跃,个中是非,给今人留下不尽的思索。其实,传统中国的农村,矛盾纠纷虽较当代更为单纯和琐屑,但是官和民的心态及行事风格倒颇相吻合。虽说"为民做主"是儒家和官方的正统信条,但是这里的"民"主要是一个集合名词,既不凸显个体,遑论"权利"。换言之,官府看重的只是整体的秩序。然而,在官府眼中郁郁葱葱的森林,究竟是由一棵棵互不替代、彼此分离的树木构成的,他们会有对立,会讨说法,而无法如官府期待的那样始终以"和为贵"。官与民之隔阂由此产生,"讼师"则当仁不让做起了二者间的中介,在穿针引线的同时从中渔利。在小说《带灯》中,新时代的故事也依稀浮现出这古老的主题。在"发展与稳定"的强势话语下,基层民众的利益损失往往被当地政府视作必要的代价,对于其反向诉求,要么是简化为一个搞好群众工作的问题,要么是只在"维稳"的名义下予以重视和附带解决。而对普通乡民来说,他们只是窘迫、难受,有气、不平,却几乎无完整的权利意识,更寻不到可以依靠的现实力量。在这样的局面下,"王后生"们的登场可谓应运而生。根本无须夸大这个人物的实力,他既非公门中人,又非望族大户,基本身份就是一介农民。如果说古代"讼师"尚谙熟法律,长于打官司,则王后生也只是粗通文墨而已,看不出有任何法律素养和能力。其所热衷之事,也无非联名上访、舆论施压,向主要领导讨价还价等,既与法律执业无关,也算不得高明。然而,就是这样一套把戏,却不但

"有术"而且有效。你可以说那是苍蝇臭虫般卑贱的生命,但毕竟顽固难摧,于官于民,都是一种无法视若无睹的存在。其实,又何止王后生和他的营生,放眼小说呈现的基层社会,不难感受到许多可意会而不可言传的规则或套路。哪里有需求,哪里就有供给,王后生们不过是对现实予以恶性的利用发挥罢了。在小说的后面,带灯在薛、元两家的恶斗事件中拼尽全力,却由于话语权的卑微而不能不受到上级"严肃处理",并罹患夜游和神经官能病症。竹子为带灯感到不平,写了上访材料要寄给县上,在半道与王后生不期而遇。至此,故事出现了戏剧化反转:由于一次"维稳"工作的失败,平素的管理者与被管理者、上访者与截访者竟一时间发生了角色切换和心理的共鸣。个中深意,启人沉思。①

二、"生态"困局

在中国迄今为止的历史中,"法治"总是被赋予双重角色:旗帜和路径。一方面,作为旗帜的法治,从一开始就脱不了刻意建构的痕迹。官方既要精心绘制这面旗帜,在其间绣上许多自己所中意的价值,又要当仁不让地充当"旗手",以引领社会之"进步"。这样一来,中国的法治历程(尤其是近代以来)始终遵循了自上而下、从国家到社会的推演模式。另一方面,法治又被奉为破解沉疴、实现进步、通向理想的手段和措施——这意味着法治不但要有来自上层政权的权威性和号召力,更要有驾驭整个现实的真实生命力。可这种生命力将从何而来呢?在《带灯》中,我们看到某些基层主政官员某种精明务实的对策:在会议讲话等一切冠冕场合强调"法治",实际办事则仍靠大展权谋。这种隔膜、脱节抑或错位,通过"综治办"这样一个机构,得到了具象的诠释。从正面意义上,综治办被赋予了"依法办事",与法制相辅相成的良好职能;但另一方面,我们又看到,综治办(乃至整个基层政府)的实际运作很难摆脱一定程度的"黑化",即使充实它的人员心存善良、正义。

①小说中的"讼师"现象,很容易被人归因于经济社会发展不平衡,从而将问题囿于中国版图的一隅。但这恐怕未必客观。因为"中国式纠纷解决"不仅见之于农村,在城市中也并不少见。"大闹大解决,小闹小解决,不闹不解决",并不只是"王后生"们谙熟的办事关窍。有话语权者以所谓政治效果、社会效果主观"厘定"法的正义,在法律实践中也往往构成规则背后的规则。与此相呼应,近年来,出现了所谓"死磕"律师,试图用极端暴力甚至破坏法治的方式去矫正法治天平某些可能的倾斜。他(她)们也许可以称之为城市中的"王后生"。其出格的言行自然应予谴责,甚至不妨从"法治"的立场予以否定。然而,存在的就是合理的,换一种角度,"王后生"们又何尝不是中国法治事业的晴雨表?即使视之为"社会赘疣"(梁治平语),却更要看到,这症结往往不在肌表而在脏器。如果说扫除外患是相对容易的工作,内视和反省自我却不但需要智慧更需要勇气。

作为镇政府承担"维稳"要务的职能部门,综治办几乎包揽了基层一切棘手的问题,例如工伤鉴定、征地补偿、刑案申冤、承包合同纠纷、选举风波等。这些问题中一部分有法律规定,一部分则没有;无法律规定的,也大抵有形诸规范性文件的政策、决定,等等。不过,相关规定的有无、详略并不是重点。更重要的在于:即使涉及法律条文的调整,事件的运转、推进与所谓"法治"却似乎无甚干系。换句话说,法律,只在现实有限的浅表活动,而作家为我们着力呈现的,却是内里的暗流涌动、盘根错节。对此,你或许说是立法不健全、执法者法律素养差、守法者法律意识淡漠等——这样说也固无不可,然而通体来看,却仍然是皮相之见。因为在你捕捉并剥离的每一种原因背后,都有更深的渊源,更复杂的纽带。就像悲剧从来都是浑然一体的,是"把美好的东西撕碎了给人看"(鲁迅语),原非碎片的拼接,在小说中,各种可以言说的抑或无法言说的因素,同样是浑然一体的。它们互相流通、循环往复,成为一种"生态",一种与法治的精、气、神格格不入的生态。透过那些或合理或不合理的制度、惯例,对于问题的抽丝剥茧,似乎总能还原到人的因素,比如村民的愚昧顽劣,村干部的私心作祟,镇政府官员的权谋设计等。我们或许倾向于把这些因素归总于"人治"罢。不过,与古圣先贤几千年来关于"人"和"法"孰优孰劣、孰轻孰重的争论略有不同,笔者希望注意的重心倾斜于"治"字,从而传递这样一种意味:尽管充斥着张扬着人的意志和行动,然而每个人又俨然被缚其中,无法逃离。既放任"人",又禁锢"人",这也许正是"人治"最深奥而可怖之处。

在这样的"生态"下,人们束缚他人,且受缚于他人。农民,作为中国社会底层民众,作为"法于法者",自然承受了千百年来沉重的生存压力。然而,在当代,作为"人民群众"的重要构成主体,他(她)们也在官方正统话语中居于崇高地位,不但昭示国家上层政权政策出台的价值立场,更是基层政权直接服务和治理的对象。相比之下,基层政府工作人员就要受"冷落"的多,一直以来较少受到关注。这种忽略,恰构成《带灯》这部小说的独特贡献。笔者曾作为"驻村干部"在乡下待过三个月时间。因了这个机缘,对小说中呈现的基层工作人员形象,倒是颇多共鸣。一方面,这个群体似乎无所不能。他们可以坐在简陋的办公室里,照葫芦画瓢地炮制各色四平八稳的官样文章,也可以毫无惧色地与上门"挑事"的村民用土话斗嘴。如果说照章办事是本职是本分,那么见机行事无疑是更实用的本领。要排查计划生育,要维稳截访,要时刻准备着出其不意攻其不备,兵来将挡水来土掩。不过,另一方面,他们又总是无助无奈。作为末梢的执行者也是被管理者,他们身不由己,需要只身面对所有的怨恨与算计,且常常不出意外地被当作替罪羊。在这样的环境里,一些乡镇干部渐渐丧失良知的敏感,为黑暗所麻痹,甚至主动与之交融,浑浑噩噩,玩世不恭,成为"长牙鬼"式的人物,心肠和手段都变得冷硬粗劣。当然,也有一些人,如小说中的乡镇女干部带灯,则在隐忍、适应或挣扎的同时,为自己点一盏心灯,点一盏理想之灯、人性之灯,执拗地不肯变得市侩、庸俗。只是,在现实的持续挤压下,任何精神的高地最后难免失守、沦陷,就像小说中"带灯"这个人物悲剧性的结局。

三、"燃灯者":宿命与使命

如此"生态",会让栖息其中的人感到困苦,却又难言。这多少类似于鲁迅《故乡》中刻画的农民,而在《带灯》中还应包括基层工作者。由此引申出的严峻话题是:如此"生态",能否改变?如何改变?

中国的法治进程已不复是清末、民国,亦不复是20世纪80年代。单纯的"西法东渐",无论是制度还是理论,已不足以拔高中国法治现下的刻度。至于"中国特色社会主义法治",如若不能走出典章,走下庙堂之高,同样无法被期待有真作为。近年来,国家针对基层的方针政策、措施规定出台了不少,"送法下乡"也不乏新举措。这些自上而下的运作,体现了足够的诚意,也确乎发挥了积极作用。然而,就像女娲造人的古老传说中的寓意,泥捏的人形,仍需呼之以气,方能成为鲜活的生命。中国迄今的法治,建功立业不少,却似乎仍缺少那样一种气,一种打通生命关窍,让新陈代谢循环往复、生生不息之气。就深层次意义而言,我们今天的法治事业,最艰巨的使命,不在于出台多少固化的制度,而在于改良与法治格格不入的"生态",培育一种全新而接地气的法治生态。难点在于:相对于制度这种外部的规范,所谓"生态",往往是看不见摸不着、只可意会不可言传的。尤为复杂的是人与生态的关系:一方面,人作为万物之灵长,无疑是任何一种生态下最活跃的因素;另一方面,一种生态越是根深蒂固、积重难返,对个人的困扰和束缚也就越严重,尤其是对那些身处基层的小人物而言。小说《带灯》生动呈现了这样一种困境。当然,与困境一并呈现的,还有作者某种深沉的信念。

小说最后的结局,是毁灭性的也是悲剧性的。薛、元两家长期以来的明争暗斗终于演变成一场一发不可收拾的恶斗。血肉横飞,满地狼藉。没有人成为最终的赢家。曾经争强争利如狼似虎,却落得命丧黄泉和牢狱之灾;而镇政府一直以来严防死守的维稳事业,也终似大厦呼啦啦倾覆于刹那。在这场人祸中同时归于破灭的,还有带灯坚守的理想和自我。这是发展与稳定的悲哀,是水深套路深的人治的悲哀,是陈义甚高的法治的悲哀,更是那些鲜活而迷失了的生命的悲哀。然而,“绝望之为虚妄,正与希望相同”(鲁迅语)。小说最后呈现的“萤火虫阵”景象,却寄托了作者丰富而复杂的情感与念想。夜里“带灯”的萤火虫是一种隐喻,象征了黑暗与光明并存、希望与绝望同体,就像小说中自述的意象:“我的命运就是佛桌边燃烧的红烛,火焰向上,泪流向下”。

鲁迅说过:我们从古以来,就有埋头苦干的人,有拼命硬干的人,有为民请命的人,有舍身求法的人……虽是等于为帝王将相作家谱的所谓“正史”,也往往掩不住他们的光耀,这就是中国的脊梁。与鲁迅誉之为“中国的脊梁”的人们相比,带灯和她所代表的乡镇干部位置要低得多。她们在很大程度上扮演了“脚”的角色——与污秽,与荆棘,与杂草虫豸为伍;很少有人留意到它的坚忍,偶或被注意到,也必是一种自上而下的俯视。但,卑微如脚,腿却究竟赖它而成为支柱,使人得以顶天立地。人能弘道,非道弘人——任何制度的铺设,无论如何恢宏,如何稳妥,而法治的温度在终端意义上究竟取决于人的温度,生命的温度。但要发光发热,又怎能没有牺牲呢?在小说的“后记”中,作者饶有深意地提到了自己请回的一尊地藏菩萨,吟哦其“我不入地狱,谁入地狱”的大愿。在小说中,对于“带灯”这个人物,作者也曾多次做如此意味的暗示。如果说,小说被认为是一个民族的秘史,那么《带灯》这部小说在很大意义上正好道出了中国这样一个古老的东方民族的秘辛。作为读者,在为作者的生花妙笔和深邃思想折服之同时,一味感慨和嗟叹恐也是不够的,还应当为了法治中国的不断进步而振作精神、勉力前行。最后,还是借用鲁迅先生的一席话与关切中国法治事业的诸君共勉——“愿中国青年都摆脱冷气,只是向上走,不必听自暴自弃者流的话。能做事的做事,能发声的发声。有一份热,发一分光。就令萤火一般,也可以在黑暗里发一点光,不必等候炬火。”(《热风》随感录四十一)

[责任编辑:张田田]

·译林·

与唐僧道、寺观相关的田令遗文①

[日]仁井田陞著,郑奉日译②

目　　次

一、绪言

我们都知道唐《开元令》中有对僧道的授田规定,不过也只知道,其在贞观的《田令》中,以及《贞观令》的部分篇名如《选举令》和《仓库令》等,但又发现同《田令》一道还有篇名《公式令》。还有,日本的《田令》中虽有禁止对寺院赠与、买卖土地的的规定,但唐令中并未曾发现与之相当的遗文。但是将承袭唐令的金的《田令》遗文(元典章引"旧例"又云"田例")与日本《田令》进行比较,使得推定相当于日本《田令》(前揭)的唐《田令》成为了可能。这些将在本文中进行论证。

二、关于对僧道的土地供给规定

洛州的少林寺碑文——"至九年(武德九年[626])……妄注赐地为口分田"——是

① 译者注:该文原题"唐の僧道、寺观关系の田令の遗文"译自1997年3月(初版)由东京大学出版会出版发行的池田温等编《唐令拾遗补》(第193~198页)。原发表于《塚本(善隆)博士颂寿纪念佛教史学论集》,塚本博士颂寿纪念会,1961年2月。译文的章节编排与原稿完全一致。

② 郑奉日,沈阳师范大学讲师,法学博士。

唐朝在其统治地域中原实施均田制的有力证据。[①] 碑文的内容显示,武德年间曾对少林寺的僧侣供给过口分田。然而从唐初令的直接遗文中,我却找不到对僧道的授田规定。在《唐令拾遗》出版时,对道士、女官(冠)以及僧尼的授田制,根据《唐六典》《白氏六帖事类集》(以及《白孔六帖》),将开元七年(719)以及同二十五年的田令,仅仅复原如下。[②]

诸(○以意补)道士受老子经以上,道士给田三十亩,女官(官、明本、近卫本等唐六典并作冠、今据宋本)二十亩,僧尼受具戒(具戒、白孔六帖作经其戒)准此(僧尼以下七字、唐六典作僧尼亦如之)

据此,道士以及女官(冠)受老子经以上者授田三十亩,僧尼准此。然而,道端良秀在其著作《唐代佛教史研究》中,证实了僧尼授田规定的年代,可追溯到《贞观令》时。那可是该氏的功绩。其依据就是,道宣的《集古今佛道论衡》卷丙的《太宗下勅以道士三皇经不足传授令焚除事》第九(下揭):

贞观二十二年十月、有㆑吉州上表云、有事㆓天尊㆒者、行㆓三皇齐法㆒、依检㆓其经㆒、乃云、欲㆑为㆓天子㆒、欲㆑为㆓皇后㆒者、可㆑读㆓此经㆒、据㆓此言㆒及㆓国家检田㆒、令云、道士通㆓三皇经㆒者、给㆓地三十亩㆒、检㆓公式令诸有令式㆒、不便者奏闻此三皇经文言、有㆑异具录以闻(读音顺序符号[③]依道端)

只不过,对该氏的看法我想说明一点。该氏对《集古今佛道论衡》之文叙述如下:

贞观二十二年十月,有吉州上表云,《三皇经》中有"欲为天子者,欲为皇后者,应读此经",且"据令云道士通《三皇经》者,给地三十亩,检令令式奏闻,此三皇经文言有异,具录以闻",此处的令中有"道士通《三皇经》者给三十亩"。

此处的所谓的"令",与上述的开元七年《令》相同,但不是《三皇经》,而是《老子经》。这由道宣的前述吉州的上表提起,成为百官的议定,加上质询道士张惠元的一条等,终于《三皇经》在尚书礼部厅前被悉数焚弃,《令》被修改,成了通"道士道德经"者给地三十亩。这些在《法苑珠林》卷五五破邪篇中也有详细的论述,提到了僧尼的授田。[④]

---

①[日]仁井田(陞)《唐宋法律文书的研究》(昭和12年[1937]3月,第757、833页)。滋野井恬《关于唐代的僧道授田制》(《大谷学报》37卷4号,昭和33年[1958]3月,第55页以下)。

②[日]仁井田(陞)《唐令拾遗》(昭和8年[1933]3月,第638页)。

③译者注:"㆑㆒㆓"为日语的汉字训读中表示读音顺序的符号。

④[日]道端良秀《唐代佛教史研究》(昭和32年[1957]9月,第499页以下)。滋野井恬的前揭论文第55页以下的资料的读法,大体上依道端(良秀)的观点。另外滋野(井恬)认为《武德令》中有僧尼授田规定(第56~61页)。

在此处引用的令的遗文是《贞观令》,且该令是贞观二十二年(648)被改为与开元令同宗旨的内容,对此我没有异议。但道端(良秀)如此"据二此言一及二国家检田一,令云,……检二公式令诸有令式一,不便者奏闻此三皇经文言,有レ异具录以闻"标注读音顺序和标点,我认为存在一些问题。如由我标注读音顺序的话,应如下:

据レ此,言及二国家一,检二田令一云,……,检二公式令一,诸二有令式不レ便者一,奏闻,此三皇经文言有レ异,具录以闻。

即可解释为"据此,进言国家,检《田令》……检《公式令》,凡是有令式不便者,奏闻。因此处《三皇经》的语句,有异,具录以闻"。只有如此解释才能明白,不仅是作为《贞观令》,其《田令》遗文中有"道士通三皇经者,给地三十亩",而且,接下来连贞观《公式令》遗文中有"诸有令式不便者奏闻"也得到确认。正因为有了这些资料,《贞观令》中有《田令》及《公式令》两篇的事实才变得清晰,从这点上也说明了该资料的重要性。① 我想感谢为发现《贞观令》的两个篇名及其所属遗文提供机缘的道端(良秀)。

三、关于对寺观的土地赠与规定

日本养老《田令》中有官人百姓条(下揭)。

凡官人百姓,并不得将田宅园地,捨施及卖易与寺。

前述中带点的部分,毋庸置疑在《大宝令》的规定中也有。② 在《田令集解》同条下援引《古记》,则一目了然。

《古记》云,捨施,谓布施也,不得卖易与寺,谓顿卖易也,限一年卖买非也,僧尼与寺一种也,为不得私畜园宅故。

既然捨施、卖易的标的物是田宅园地,不难推测《大宝令》中也有"将田宅园地"一句。《古记》文中的"不得私畜园宅",应该是相当于养老《僧尼令》不得私畜条的《大宝令》遗文的一节,这也是大宝《田令》中有"将田宅园地"一句的参考资料。

①作为《贞观令》的篇名,迄今为止所知道的只是《官品令》《选举令》《仓库令》等。[日]仁井田(陞),前揭第14页。还可参照[日]利光三津夫《律令及令制的研究》(昭和34年[1959]12月,第6页)。

②[日]仁井田(陞)《古代支那、日本的土地私有制》(国家学会杂志44卷7号,昭和5年[1930]7月,第127页),[日]仁井田(陞)《中国法制史研究》(土地法、买卖法)(昭和35年[1960]3月,第110页)中的大宝《田令》的复原照片。

然而,尽管认为日本的此《田令》规定来自唐令,但唐令的遗文至今还没有找到。虽然唐令的原文没有找到,但承袭唐令的宋令和金令等的遗文中,若有与日本令相当的,与日本令进行比较的话,失去的唐令也许有复原的可能。金的律令行用至元初,在《元典章》等元代的文献中以“旧例”被引用,这早已成为定论。① 而且《元典章》②所引的如下“田例”——校补中是旧例——也可以说与金的《田令》相同。

诸○以意补官人百姓,不得将奴婢田宅,舍○舍同捨施典卖与寺观,违者价钱没官,田宅奴婢还主

现将此与日本令进行比较,两者大体上一致。在其大致一致的范围即加点的部分之内,推定唐令不是不可能。即唐令——或许是其《田令》——中,我想有禁止官人百姓将田宅赠与寺院、道观,或者典卖的规定。③ 不过是否有如《元典章》所说的旧例(前揭)中的有关禁止赠与“奴婢”的规定,还不是很清楚。④ 另外同旧例(前揭)中的“违者价钱没官,田宅奴婢还主”,与日本令相比较的话,唐令的原文中是否有相当的文字就成为问题。然而日本令中存在看似省略了此种文字的断句,因此日本令中没有相应的语句,并不能证明唐令中也一定没有。⑤ 不过,在唐代,寺院、道观的庄园也逐渐扩大,这已得到诸学者的认同。那些庄园大多来自赠与,从开元十八年(730)金仙长公主向河北房山的石经山云居寺赠与广阔的庄园开始,出现了不少关于赠与庄园的记录。在唐代,原则上,正如前述对官人百姓而言,是禁止将土地赠与寺观的。况且睿宗的唐隆

①[日]安部健夫《关于元史刑法志与元律的关系》(《东方学报》(京都)第二册,昭和6年[1931]11月,第273页)。参照[日]仁井田(陞)《中国法制史研究》(刑法)(昭和34年3月61页以下)注5、注6。

②《元典章》卷19户部五典卖(卖业寺观不为邻)。

③[日]仁井田(陞)《唐末五代的敦煌寺院佃户关系文书》(《西域文化研究》第二《敦煌吐鲁番社会经济资料》上,昭和34年[1959]3月,第87页注6)。[日]仁井田(陞)《中国法制史》(《岩波全书》)(昭和27年[1952]6月,第324页)。

④[日]仁井田(陞)《唐末五代的敦煌寺院佃户关系文书》(《西域文化研究》第二《敦煌吐鲁番社会经济资料》上,昭和34年[1959]3月,第87页注6)。同《中国法制史》(《岩波全书》)(昭和27年[1952]6月,第324页)。

⑤[日]仁井田(陞)前揭。例如,依据唐《田令》中的“诸卖买田,皆须经所部官司申牒,年终彼此除附,若无文牒辄卖买,财没不追,地还本主”,与其相当的日本《田令》宅地条以及租赁条中只有“若无文牒辄卖买”而无下文(《户婚律》过年限赁租田条中有“凡过年限赁租者……地还本主,财没不追”)。另外唐《杂令》的家长在条和日本杂令的家长在条进行比较,也可作为参考。

元年(710)七月,曾有过没收赠与庄园的命令,[①]它并不是法中没规定的临时处分。但是除武宗推行的寺院大改革外,[②]我想对寺观的庄园采取措施是极少见的。

(昭和三五[1960]年4月15日)

(《塚本(善隆)博士颂寿纪念佛教史学论集》,塚本博士颂寿纪念会,1961年2月)

[责任编辑:张田田]

①《唐大诏令集》卷110政事、诫谕(又诫谕风俗敕)唐隆元年七月十九日"其逃人田宅,不得辄容卖买,其地在依乡原例租纳,州县仓不得令租地人代出租课,寺观广占田地及水碾硙,侵损百姓,宜令本州长官检括,依令式以外,及官人百姓,将庄田宅舍布施者,在京并令司农即收,外州给贫下课户"其中至"其地在依乡原例租纳"为止,与斯坦因敦煌文献(Stein No. 1344)相当,之后,收录到了开元《户部格》。那部分参照了[日]仁井田(陞)《唐律令及格的新资料》(《东洋文化研究所纪要》一三册,昭和32年[1957]11月,第133页)。《唐大诏令集》"寺观广占田地"以下的文,参照了[日]周藤吉之《中国土地制度史研究》(昭和29年[1954]9月,第34页)。

②《唐会要》卷47释教上,卷86奴婢。

·学术通信·

编者按:《法律文化论丛》(第9辑)收录霍存福教授写给刘杨编辑的两封信。第一封信无落款及日期,似不全。根据《权力场》(第一版)的出版进度及其他信札推测,似为1992年年底、1993年年初所写。信中主要表达了对刘编辑的感谢以及对《权力场》销售计划的安排。第二封信写于1994年3月,信中主要告知刘杨编辑《权力场》台湾版的出版情况以及对《权力场》(第二版)印务进展的关注。本辑学术通信并附《权力场》台湾版照片两张。

霍存福就《权力场》致编辑刘杨

一、霍存福写给编辑刘杨的信

刘杨君:

你好!

来信收悉。感谢你为《权力场》所做的进一步努力。作为作者,我经常想:今后是否还能遇到你这样的编辑?真无法想下去。

书出来后,如果发运较慢,先给我寄一本。原定我要的一百本书,我想再加要一些。……作为作者,我希望这本书在长春多销售一些。书店能进多少,我不清楚,如果能尽快拿到手,并立即到各大专院校摆摊,我想是不难售出的。同时,我也趁此看一下此书在青年知识分子心目中的份量,搜集一下反映,估算一下是否有重印的可能。

这样,我想要五百本。其中一部分用作馈赠,其余尽数让人去零售。……原来与我系肖景新商定的推销计划,未再与他进一步商量,反正还没到拍板决定的时候。一切须要等待市场反应。

你那里为我想的很多,包括上次我包要两千本的事,可见你想的较细。但愿我增要数量,也能减轻你那边库存的压力。

顺便将《新旧约全书》寄去。我这一段完成了人家急要的两个活，共七万多字。前不久又转入《元朝法制史》与《中华古文献大辞典·政法卷》的撰写工作，两个都计划在年内完成，我又都是副主编，估计够我忙一年了。而明年的活已经在等着我了。

……

二、霍存福写给编辑刘杨的信（1994年）

刘杨君：

你好！

长时间没有通信了，春节前孙正聿兄已将你的长途内容展转告知了我。不知《权力场》第二版的印务是否已经开始？

去年11月份，我奉命接待了台湾一个来访律师，赠书时顺便让他回台打听一下台版《权力场》有无消息。因为此前我不知是否已经出版以及哪家书肆拟行出版。黄律师倒十分认真，立即打听到消息，并将你我的来信同时寄给扬智公司。扬智公司不明原委，以为我与贵社有了争议，立即来信给我，说明他们已从贵社购得版权，有协议为证，并称已在书出后付清全部版税，同时附寄了协议书复印件及样书一本。还特别提到，如果我有何问题，可与贵社联系。我立即写信说明情况，告诉他们在作者与原出版社之间并无争议；原书的责任编辑是我的学生辈人物，更无委托律师之事。同时，我将台版样书中的错别字及错误标点列表寄给他们（通读一遍，仍有错误，这些天再补）。昨天又接到扬智公司来信，声称二刷印务已于二月初进行，我的信是二月底寄到的，二刷改正已不可能，可望在三刷时改正。二刷据称要换封面。

我很关注贵社的二版印务。按时间，是否要在四月前进行完？你的征订统计及催促之劳，定可想见。现在尚有一事，除了再版时希望附入“再版后记”外，我很希望能有一些精装本——即使专为我装订一些册数也未尝不可。不知印刷厂有无此能力。以及你安排此事是否特别麻烦？倘有可能，望力促成。我个人可预定50～100册。

我现在仍在忙。《元朝卷》初稿得由我全部改写，此事正在进行中。本学期又参加了师资科办的脱产外语班，每周廿四节课，期限一年。每天忙得不亦乐乎，也只好硬着头皮坚持下去。和我同听的，有王天成、吴跃平二博士。

我尚住在南区。回迁时间还说不清。据说又得买房住,每平米430元。这笔费用,我还没挣出来。好在天塌下来大家顶着,不是我一个人的事。

倘能来长面唔,最好。你可在南区住两天。南区有网球场,我每天都要打两次的。

编安!

霍存福

于吉大南苑教室

1994.3.6

（1992年11月版）

(1994年3月出版二刷)

［责任编辑：夏婷婷］

·学林数往·

藏头打油诗续致同仁及悼念前辈

钱大群*

·续致同仁·

致中国人民大学出版社陈松涛教授

——贺张希坡教授《陕甘宁边区政府法律文献》在该社出版*

（写于2017年）

陈典新椠红史稿，
松墨玉版传世宝，
涛声欢歌延河笑，
书海弄潮逐浪高。

*张希坡教授乃革命根据地法制史的研究大家，中国人民大学前身乃延安陕北公学，今人民大学出版社与希坡教授珠联璧合、精诚合作，使该书稿成功列入国家项目出版，其史诗般鸿篇巨制，隽永传世，于法制建设贡献大矣。

*钱大群，南京大学法学院荣退教授。

致中国政法大学郭成伟教授*

（写于2016年）

郭外年丰秋色深，

成事在天亦在人，

伟岸胸襟心怀国，

桑榆之年惦廉政。①

*20世纪90年代中期,我约成伟教授合写《唐律与唐代吏治》一书,获江苏省政府社科优秀成果奖。著名学者田涛先生与其点校之《龙筋凤髓判》的出版,对该善本书得以广泛流传供人研究,功不可没。

①2014年秋,成伟在中央电视台文化纪录片《鉴史问廉》中受访谈古代廉政。

致台湾辅仁大学黄源盛教授*

（写于2016年）

黄河长江二大川，

源同喀剌昆仑山，

盛举宝岛两论《律》，①

共话大唐治世年。②

*黄源盛教授是戴炎辉先生之高足。高明士教授与其皆为戴炎辉先生之后、台湾唐律研究之砥柱中坚。

①2003年、2011年,台湾法制史学会、台大法学院、政大法学院、台师大历史系及中研院史语所,先后两次在台北召开大型唐律学术研讨会,余皆受邀撰文与会。其间,戴东雄教授、黄源盛教授、陈惠馨教授与黄静嘉教授等,都是会议筹备与组织的主要人物。

②《唐律疏义》奠基于唐代贞观,撰成于永徽,刊修于开元年间,皆大唐之治世。

致华东政法大学钱元凯教授*

（写于2016年）

钱姓名流实干多，
元①弹火箭皆能做，②
凯歌还奏《围城》③曲，
喜君克恙更健硕。

*元凯教授曾是华政《简明法制史词典》的编撰者之一，也是我《唐律论析》一书的重要作者，20世纪80年代即从事唐律研究，后惜因病而影响了其事业的更大发展。

①元，古通“原”。

②在“两弹一星”功臣表彰之前，民间早先有“三钱”之说。

③随《围城》电视剧之摄播，小说作者钱钟书先生在文青与大众中之名声大振。

致《法学研究》名编张少瑜研究员

（写于2016年冬）

智谋初试博浪沙，①
甘罗周郎美年华，②
如月之泽瑕不掩，③
天工裁剪为百家。④

①取留侯之姓“张”也。张良与力士于博浪沙刺秦，事见《史记·留侯世家》。

②取少年英才之“少”也。甘罗，十二岁襄秦相。周郎，东吴三军年轻都督。

③取其玉中之“瑜”也。

④赞其对文章编辑之精到也。

致台湾"中研院"史语所柳立言研究员

（写于2016年）

柳丝牵牵春色妍，
立论精思涌如泉，
言章钟情说两宋，[①]
华夏文脉总相连。

①立言大研是宋史专家，专著不断问世，每有见赠，余皆喜不释手。

致苏州大学法学院高积顺教授*

（写于2016年秋）

高隐虎丘[①]作高士，
积行积才不积私，
顺时顺势不顺俗，
会友情深皆仰之。

*积顺教授学问深厚，隐而不露。担任江苏省法律史学研究会秘书长，付出辛劳甚多。

①虎丘，苏州名山。

致吉林大学法学院刘晓林教授

（写于2018年2月）

刘吕有功皆列侯，[①]
晓其只是嘴上秀，
林鸟千古鸣不平，
李广不侯永不休。

①见《汉书·吕后纪》。

向《法律文化论丛》霍主编麾下冯、张二位大将贺春

（写于2018年2月）

致沈阳师范大学法学院冯学伟博士

——读《史记·孟尝君传》有感

冯驩弹剑作自鸣，
学史须解高人心，
伟哉孟尝报公允，
揽得真才建功勋。

致沈阳师范大学法学院张田田博士

张灯结彩把春迎，
田家皆祝粮仓盈，
田子巧手裁云锦，
唯喜他人嫁衣新。

·悼念前辈·

纪念西南政法大学杨景凡教授百年冥诞*

(写于2016年春)

杨柳轻拂嘉陵岸,

景云祥绕歌乐山,

凡是得其真传者,

青出于蓝胜于蓝。

*2017年是杨景凡先生百年冥诞,西政隆重举行座谈会,并出版纪念专集《明月松间照》。

悼大律师黄静嘉教授仙逝*

(写于2017年)

黄金恰如君志坚,

静心攻法成就显,①

嘉秩天赐逾九十,

良善口碑胜百年。

*台湾法制史学会前理事长黄静嘉教授,2017年仙逝于台北,享年93岁。

①黄老曾任台湾东吴大学、文化大学教授,后创办联合律师事务所,于法律实务及学问研究,均有成就。著有《日本对台湾殖民统治及其影响》一书,台湾商务印书馆2002年以《春帆楼下晚涛急》为名出版。

[责任编辑:张田田]

·学林数往·

日本的法制史年会

徐晓光*

2004年11月27～29日，日本第12次法制史学会在京都大学农学部礼堂举行，这时我正在日本京都大学做访问学者，有幸参加了这次会议。会议主题是"当法产生的时候"，参加会议的西方法制史、日本法制史、中国法制史学者共150人。会议两天发言讨论，一天旅游观光。会议按照各项活动分别收费，办会者事先就将预订表格寄给会议代表。比如预订：参加恳谈会5000日元；两份午餐饭，每份1200日元；旅游观光5000日元，办会单位根据反馈情况进行预订，交通和住宿费都由个人负责。

会议主办单位京都大学大学院法学科，由法学科的几位教授和几位助手操持，博士负责办会的所有事务，胸牌和餐券、资料事先都准备好了，代表一到会就交给他们。所有的报告、提要等纸质文本都放在会场边的一张条桌上，并写明时间、发言的提示牌，由需要的人自行领取，特别方便。

会议日程安排得比较合理，上午会议从10点开始。开始比较晚的原因是有些代表当天从全国各地坐高铁来，不能太早赶到，所以10点到12点安排两名学生的报告。中午只有45分钟的用餐时间，就在会场就餐，是一种日式盒饭。下午12点45分开始"基调报告"和代表发言，每个代表发言后有提问，由发言者做解答。如果提的问题多，为不影响日程，主席台上专设一个提问题的箱子，将所提问题写好放在箱内，待第二天下午专门安排时间解答。会议共有十余位代表做了研究报告，西方法制史学者7位、日本法制史3位、中国法制史2位。最后的4位代表从法社会学、法哲学、实定法学和近世法史学角度对法的产生问题进行评论和解说。所有的报告人都准备了精明扼要的发言提要，提要大多图、表、文字齐备，让人一目了然，所附注释资料多于正文。报告者一般

*徐晓光，贵州师范大学教授。

先介绍对资料的理解和使用后，才阐明自己的观点和结论。最后是质疑应答和会议总结，会议的效率非常高。

代表们参加会议都西装革履，没有穿得很随便的。会议开始后只留一个门通行，门上有“开闭注意”的字样，其它的门都封闭，怕有声响影响会议。中间有人进出都一边点头表示歉意，一边曲膝弓腰趋步而行，样子有点好笑，但深感到日本学者的素质和礼貌。下午四点钟时休息一次，每位代表都享用一个日式点心，这点心很小，是用纸或竹叶包着，做得十分精致，不像是吃的东西，倒像是在欣赏艺术品。

日本的学术年会单纯是学者们的学术交流会，不像中国有领导和新闻媒体参加，更没有领导讲话、贺辞和集体合影。没有主席台，也没有开幕式，只是由主办单位的同专业教授讲几句客气话，就进入发言阶段了，连系主任（日本叫部长）都没来（当时的部长不是法史专业的），校长、副校长就更不用来了。不像中国会议开幕式主席台上面坐几排人（大领导前排、不大不小中排、小的后排），中国南方戏称这种情况是“排排坐、吃果果”。

29日，30多名代表租用一台客车，在琵琶湖一带进行旅游考察。这和中国一样，会议后要到当地有名的风景地观光考察（但近几年“反四风”，一般都不搞了），日本语把这叫“见学”，虽然也是旅游观光，但文化含量比较高，选择的景点都是历史名胜，如芦浦观音寺、安土古城遗址、八幡神社、沙沙贵神社和百济寺等。在层林尽染的深秋季节，诸多景点在大片大片红叶映衬下增添了几分秀色。

主办单位事先就准备了每个景点的丰富、详尽的历史文化介绍材料，多达26页，附有地图、文书、年表、系谱，还有原来的建筑是什么样的格局，现在遗存哪些部分，让人一看就对历史和现存有较深的了解。比如对琵琶湖的介绍就附有一张明治二十四年（1907年）日本陆地测量部绘制的地图，和眼下湖水陆地一比较，就会发现期间的沧桑巨变。对安土城的介绍中附有一份织田信长天正五年（1577年）六年“安土山下町中掟书”的全文原本，字迹挥洒隽秀，既让人们了解安土城当时的法文化内容，又非常符合会议的主题，可见主办单位教授们用心之良苦。

代表们乘坐的汽车在景点间运行，作为临时导游的京大法学科秘书一直讲解，她还伺机请对这段历史和文化有研究的其他学校的教授进行讲解。

［责任编辑：张田田］

·史料集珍·

民国《越风》杂志“二陵谈荟”专栏介绍(二)*

张田田**

笔者曾在《法律文化论丛》(第7辑)中介绍过《越风》杂志“二陵谈荟”栏目,专栏作者曾任官法部,眼光独到,专栏涉及晚清修律、官制改革,以及刑部堂司、御史等京官与督抚大员等事迹。此前整理的是《越风》第一卷第16~19期的“二陵谈荟”文章,①其中多见法制史料,如第16期的刑部办秋审李马氏虐毙养女案失出、②太监崔三在南城外因赌博殴人致伤案,第18期述宗室诉讼改革“会府府会”旧制、修订法律馆事等。此次再整理《越风》第一卷第20期“辛亥革命纪念特号”(1936年10月10日出版)③的“二陵谈荟”栏目《清室灭亡之前夜》特稿一篇。④

20.1 辛亥八月十九日,武昌义旗一举,霹雳青天,震动全国,清廷之张皇失措,

*沈阳师范大学博士科研启动项目“清代案例中的法律文化研究”阶段性成果。

**张田田,沈阳师范大学讲师,法学博士,硕士研究生导师。

①根据广陵书社编辑部说明:《越风》,黄萍荪主编,文史掌故类刊物,绍兴越风社主办。1935年10月于杭州创刊,第一卷为半月刊,共出24期。自第二卷开始改为月刊,出至1937年4月第四期停刊。黄萍荪主编:《越风》,广陵书社2010年影印。“二陵谈荟”专栏,可见其发表时间在20世纪30年代,连载情况,自第一卷第十六期起,每期均有,直至停刊。

②对该材料的利用,如拙作“末世刑章细羽毛:吉同钧‘朝审失出’事考——从陕派律学家事迹看晚清司法(一)”收入霍存福教授主编《法律文化论丛》第五辑,知识产权出版社2016年版,第115~120页。此前亦曾提交于2016年5月在华中科技大学法学院承办的第二届近代法律史论坛——“近代法律人的世界”学术研讨会并现场汇报,感谢龚汝富教授、韩策老师等与会专家的点评与建议。

③特号为叶恭绰题。封面语为:“二十五年前的今日,吾人与满洲民族搏斗!为什么?为争取自由平等!二十五年后的今日,吾人为列强帝国主义搏斗!为什么?为争取自由平等!”这正体现了《越风》办刊呼应国难、革命与民族主义等社会主题并试图“借古讽今”的意义,学者指出,《越风》有一定的国民党当局“官方‘赞助’,所以会推出‘辛亥革命’的纪念特刊,这也不足为奇,值得注意的是,在宣传‘革命’的同时,《越风》并未忘记对‘国难’的强调”。其封面语便出自主编黄萍荪所作卷首语《不入目录篇》。参见韩晗“‘越风东南清’——重读《越风》杂志及相关史料考辨”,载《辽宁大学学报》(哲学社会科学版)2011年第6期。《越风》第20期内收蔡元培(《辛亥那一年》)、柳亚子(《辛亥光复忆语》)、冯自由(《武昌起义前后之余与黄克强先生》)及徐一士、徐凌霄等多位名士撰稿。

④《越风》,广陵书社2010年影印,第770页。分段与序号为整理时添加。

颇为识者所窃笑,知其国祚之不永矣。是年组织内阁,改尚书为大臣,毓朗、徐世昌为协理大臣,奕劻兼管外务部,载泽为财政,载洵为海军,载涛为军务府(即参谋部),溥伦为工商各大臣,善耆原民政部尚书以其接近民党,改为理藩大臣(理藩部改民国后改为蒙藏院),而以桂春代之。一时论者谓桂春系奕劻之侄婿,虽无从证实,而以奕劻之纳贿营私论之,或属不诬。桂春之举动轻率,毫无常识,举其一二可见一斑。

20.2 是年考试留学生,有戴翼辉者,其籍贯不甚记忆,到京后甄录试已过,在寓专候廷试,时学生分二试:一甄录试,一廷试,忽被警厅捕去,送法部交地方审判厅审讯,谓其勾通乱党,图谋不轨云。经审判厅再三审问,毫无头绪,经法部咨询民政部,何所根据,民政部咨复据江苏海州知州邮呈,并将原呈咨该部,以备研讯。原呈所云,支离荒唐之句,不胜枚举,即就其官衔而论,为“钦加四品衔赏戴花翎特授海州正堂某,谨呈部堂大阁人下,”相告示,又相小说。[①] 经地方讯明后,以案关奏交,尚需覆奏,摺尾有请旨饬下该部,嗣后逮捕人犯,需慎重将事,以免冤抑。隐含民政部办理此案有轻率之意。此摺系方同剑主笔,原稿措辞尚不如此圆到,法部尚书绍昌不欲与桂春为难,故酌量改正云。

20.3 又八月十九日武昌警报到京,时已下午,时前门外戏园正演夜戏,下令停演,并停止夜市,次日各旗员之显宦,纷纷囤米,有一宗购一千包者,向大清银行,即现时中国银行提款,秩序大乱,人心惶惶如大祸之将临。迨袁世凯组织内阁,赵秉钧继桂春为民政大臣,[②]一反其所为,人心始觉安定。人之云亡,邦国殄瘁,其信然欤!

20.4 武昌事起之后,清廷命荫昌帅师南下,并督饬萨镇冰统帅海军,水陆并进,震于其名曰湖北起事,其实实力所及,北不过大江,南不过横山,号令所及,不出省城一步。论者谓瑞澂之逃督,不啻革命军之先锋。迨荫昌南下,清廷仍日在惊涛骇浪之中,于是有起用袁世凯之议,而狃于戊申之罢斥,又未便实行。首先奏请者为御史史履晋请启用袁世凯、岑春煊,同时侍郎宝熙亦有此奏,均留中。于是有借重疆吏之议。为之奔走最力者,为升任湖南臬司尚任长庐运司张镇芳,初面恳直督

①今案:“大阁人下”及“相”,原文如此,或系排版之误。

②《辛壬春秋》(民国十三年刻本)辛壬大政纪第一上:“民政大臣桂春以汉人革命,内城汉人宜尽行驱逐,昌言于朝,举措乖谬,罢之。以赵秉钧为民政大臣。”

陈夔龙请其领衔奏请,(陈)夔龙辞以项城若系监京卿监司,顺理成章。伊督直在本人之前,且系枢府重臣,征召宜由特旨,若疆臣奏请起用,反失项城身份。转恳江督张人骏,(张)人骏以姻娅辞。后由孙宝琦时山东巡抚奏请,始授湖广总督,兼钦差大臣,旋授内阁下总理大臣。共和宣布后,以(史)履晋为直隶劝业道,迨改为实业司,遂另易人。一时论者,谓(袁)世凯之于(史)履晋者有始乱终弃之嫌,未免谑矣。

20.5 伊时资政院正值开院之际,因军费无着,载泽为度支大臣,借英款一千万两,交院议。时院内议员分钦选民选各半,民选者大半不同意,同一者仅于邦华数人,钦选者大半同意,不同意者仅陈懋鼎数人。又因事变之起,由盛宣怀之铁路国有,时邮传大臣,院议弹劾,几于全院一致。不同意者仅胡祖荫一人。时邮传部参议兼钦选议员。

20.6 八月十九日武昌事起,清廷初令荫昌率二四两镇,南下监督饬萨镇冰率海军。迨水陆并进,起用袁世凯为湖广总督,与钦差大臣节制水陆各军,召回荫昌,以冯国璋为第一军军统,段祺瑞为第二军军统,沿京汉铁路进发。(袁)世凯入为内阁总理大臣,以魏光寿为湖广总督,未到任前,段祺瑞护理。斯时也,(冯)国璋复汉阳,占龟山,骎骎乎有渡江之势,(冯)国璋飞电告捷,并知照北洋。时陈夔龙为直隶总督与北洋大臣,当即电奏,如何渡江,如何防堵防溃窜,并云臣督蒙二年,地理知之较详等语。电奏后,即电知(冯)国璋请其查照,并由电话请世凯谈话,云本日接华甫捷电,敝处已条奏进剿防堵方略,(袁)世凯以华甫电尚未接到,尊处条奏已拜读,但时局小有波浪,请尊处派员至京,面谈一切。华甫者(冯)国璋之字也。(陈)夔龙愕然,即派道员胡嗣瑗、沈铭昌赴京谒世凯。(袁)世凯一见即云筱帅电奏切实可行,非躬其地者不能道出只字,佩服无既,唯渡江一节尚须从长计议。缘外交已有问题发生,(沈)铭昌唯唯。(胡)嗣瑗询以此系我国内政,外人何故干涉?(袁)世凯含糊应之,无结果而散。未几停战议和,清廷以唐绍仪代表,民军以伍廷芳为代表,凡撤兵停战诸条,(唐)绍仪一一承认。(陈)夔龙严劾(唐)绍仪,并商致(袁)世凯斥(唐)绍仪之谬妄。(袁)世凯仍请(陈)夔龙派员至京面谈,(陈)夔龙仍派(胡)嗣瑗、(沈)铭昌,(沈)铭昌辞以疾,改派王克敏,时官直隶交涉使。(袁)世凯一见二人,而曰筱帅坐镇北门之功伟矣,某尚能在京发施令者,皆筱帅之力。遂出一摺,曰:此吾请于太后,为筱帅加官衔赏黄马褂之奏折也,烦二君代为解释,言罢深深一揖,曰有劳二君。(王)克敏唯唯,(胡)嗣瑗仍询以为难者谁?时(袁)世凯始终吞吐其词。(胡)嗣瑗再三诘之,(袁)世凯始应之曰,至万不得已时,绝不拉筱帅下水。(胡)嗣瑗应之曰,总理云加恩一摺,当多事之秋,筱帅亦不希冀恩典,唯非之爱,不能挽回,洁身而退,亦不幸之幸也。(袁)世凯首肯者再,(陈)夔龙遂乞休,以弼镇芳代,无何逊国之诏下,诏(陈夔龙)龙任天津留别议,所谓“挂冠犹及国门前”[①],言外有余幸焉。

附陈夔龙《梦蕉亭杂记》卷二与“二陵谈荟”20.4及20.6两则相关的记事:

辛亥八月,武昌发难,沿江各行省纷纷独立,复特旨起用项城,冀以支撑危局。讵项城甫出,清祚即因之而告终。辛亥以后之事,余不忍言,实亦无可言之价值。[②]

辛亥八月,武昌发难,总督出走。余适在病中,警报传来,以鄂系旧治,深悉彼中情势。密电枢垣,谓川督岑君春煊带队入蜀,计时已在鄂中,请旨褫鄂督职,以岑(春煊)调任,责令收复省会。鄂垣兵变,仅一小部分,速电饬带兵统领督率南湖一带各军,并汉口驻扎军队,力图规复。陆军第二镇第一协全部,现驻保阳,即时下动员令,京汉快车两日一夜可达汉口,直逼武昌,以壮岑军声势。彼系乌合之众,人心未定,收复不难。而枢府不报也。但责令陆军部编一混成镇,有此军步队参以彼军马队者,有彼营辎重配以此营马匹者,混沌杂糅,故缓师期。卒之兵与兵不相习,将与将不相识,迟之又久,始报启程。迨抵汉口时,鄂中叛党,布置完备。羽翼已成,公然誓师抗顺,大局不可问矣。项城赋闲已久,乘机思动。其门生故旧遍于京津等处,不恤捐集巨款输之亲贵,图谋再起。监国以彼从前废斥,其咎非轻,不敢贸然起用。该党以监国素重视余,谓得北洋一保,必生效力。某君黄夜来谒,极为关

①出自陈夔龙《乞病获请赋此留别四首》之一:“茫茫难问梦中天,草草劳人暂息肩。赐履忝居群牧长,挂冠犹及国门前。仓皇铤走中原鹿,哀怨空闻蜀道鹃。七十二沽春水绿,(自注:卸篆日适值立春。)烟波一曲好停船。”之二:“惭愧苍生留雨霖,十年旄节主恩深。朅来大陆浮云幻,忍见虞渊白日沈!谁为两间留正气?剧怜一病负初心。河桥多少新栽柳,雪后婆娑感不禁。”之三:“多谢群公卧辙劳,早从市上识荆高。能创霸业先延隗,萧愧无规赖有曹。秦地十城求赵璧,吴淞一水试并刀。眼前无限沧桑恨,此地寻源或种桃。”之四:“艰难回首又庚辛,祖帐今多去国臣。华屋顿添知己泪,布衣犹是秀才身。百年养士宁无报,一柱擎天别有人。寄语幽燕诸父老,彩旛仍报汉宫春。”《清诗纪事》编者评价,诗中“均见遗臣之口吻,而其自明为故主保境之劳,亦情见乎词也”,“陈夔龙筱石,胜清之显宦,民国之遗老也。当辛亥革命之起,方在直隶总督任,颇力为清室保境,国体变更,引疾去职,遂为上海租界之寓公,度其优游之岁月,今年八十一矣。其离任时,有乞病获请赋此留别诗”。钱仲联主编:《清诗纪事·光绪宣统朝卷》,凤凰出版社2004年版,第3295~3296页。

②陈夔龙:《梦蕉亭杂记》,中华书局2007年版,第91页。

说。余严词拒之。谓项城前系一品大员，此时起用与否，朝廷自有权衡；不宜由疆臣奏保，致涉植党之嫌。倘贸然上疏强令出山，不特无以尊朝廷，亦非所以厚爱项城也。其人嗒然而去，复运动连疆某督、某抚，即时电保。谓非任用项城，不能收拾危局。监国惑之，未能一意坚持。项城一出，而清社遂屋矣。当其奉命督师也，徘徊于豫楚之间，不肯直入鄂境。卒以夤缘组阁，遄回京师，大权独握，修前日之怨，力排监国去之。政由己出，东朝但司用玺而已。嗣复授意前驱各将领，联衔力请逊位。沪上僦居某督等和之，商界各巨子亦和之。英国公使某君，亦复为之声援。十二月廿五日逊位诏书颁出，二百六十八年之天下，从此断送。哀何可言。①

当项城之由鄂北上也，行使内阁职权，前方军事责成冯都护(冯)国璋督办。冯军先占据汉阳赫山，拊龟山之背，汉郡收复指日间事。项城京寓电话处学生，与津署电话学生本系素识，私电传来，余喜甚。以正式电话询之项城。讵复电云：未得鄂中确息。其志不在恢复，可为骇异。迟之又久，始悉汉阳业已克复。余急电冯都护，请其率得胜之军，直捣武昌。冯(国璋)复电谓：汉口江岸缺少船只，不能径达省城。且奉京电，已有英国公使出任调和。北军暂在汉阳驻扎，不得越雷池一步。余闻之，愤甚。急电项城，略云：所谓调和者，两方居同等地位，始各有开议资格。现今革党皆我臣民，作乱犯上，自取屠戮之戚。我军已得汉阳，与武昌仅一江之隔。党人已闻风丧胆，汉江沿岸船只何止千艘，顷刻即可飞渡。武昌若复，中外人心大定；沿江下游各行省，亦得所屏蔽，不至望风而靡。即为应酬调人起见，何妨俟武昌收复后，再行开议。声势既壮，折冲尊俎，尤易为功。项城无从置喙，但云：既经英使调处，不宜径行用兵。事机一失，连江若赣、若皖、若苏、若宁、若沪，纷纷独立，遂至不可收拾。又以监国临朝，不便为所欲为。贿通贵戚，迫胁东朝，勒令摄政王退位。以余现任北洋，凡事作梗。密遣使以甘言相饵，谓余坐镇津地，于各省独立之会，独能捍卫疆土，最著勤劳，行将有宫衔黄褂之锡。但大势群趋共和，一方岂能立异。与余交谊最敦，近因政见稍歧，各行其是，不能相强。所虑津沽一带，党人密布，手枪炸弹防不胜防，窃代为忧之。余谓与项城比肩事主，回忆孝钦在日，项城受恩独渥。现值国家多难之秋，正我辈竭忠授命之日。内阁

①陈夔龙：《梦蕉亭杂记》，中华书局2007年版，第115~116页。

关系全国,项城任之。北洋领袖各行省,余任之。项城谓与余政见不同,诚为知言。余始终惟知有国家,期不负三朝恩遇而已。项城虽日以暗杀为能,侦骑密布,卒亦无如余何也。迨至逊位诏成,余已病莫能兴,奏蒙赏给三月假,而国事不可问矣。①

[责任编辑:武航宇]

①陈夔龙:《梦蕉亭杂记》,中华书局2007年版,第119~120页。

《法律文化论丛》2015～2017年总目录

·讲演录·

·司法·执法文化·①

①各篇文章之栏目属性较发表时略有调整。

·刑法文化·

·民法文化·

·经济法文化·

·法学教育·

·法律文化原理·

·比较法文化·

·法言寻踪·

·微信说法·

·学术通信·

·学林数往·

·品读堂·

·译林·

·法制人物·

·金石律辨·

·书契积腋·

·海外撷珍·

·史料集珍·

·法史通讯·

法律文化研究重镇巡礼

华东政法大学法律史研究中心简介

华东政法大学法律史研究中心是成立于2004年的高水平研究机构，中心以华东政法大学国家重点学科法律史学科为依托，整合法制史教研室及各方科研力量设立而成。目前中心共有27位成员，其中包括9位教授、8位副教授、9位讲师、1位师资博士后。中心的研究领域涵盖中国法律史、外国法律史，其中在世界法律文明演进的综合研究、先秦两汉出土法律文献研究、唐律研究、清代民国法律文献研究、租界法制研究、古希腊法研究、罗马法研究、欧洲中世纪法制研究、英国法史研究、俄罗斯法史研究、比较法研究、法律思想史研究、中西法律交流研究方面建树尤多。

本中心为全国外国法制史研究会会长及秘书处所在单位、中国儒学与法律文化研究会会长及秘书处所在单位、上海市法学会外国法与比较法研究会会长及秘书处所在单位。本中心由何勤华教授担任学科带头人，李秀清教授担任主任，下辖法律文明史研究院、法律古籍整理研究所、比较法研究所、法律与历史研究所、东亚法史研究所等研究机构，此外中心还设有顾问、办公室、中心图书资料室、古籍所资料室、网站管理中心等机构。

本中心所属的法制史教研室是新中国较早开展法制史本科教学（1954年）的单位，也是国内最早设立硕士点（1981年）及较早设立博士点（2001年）的单位。现在为本科生及硕士、博士研究生开设“中国法制史”“中国法律思想史”“外国法制史”“西方法律思想史”“比较法”“西方法学史”“唐律精读与研究”“依法治国与法文化”“唐代司法研究”“西方司法制度史”“出土法律文献精读”等课程。通过长期努力，中心成员先后将“外国法制史”“中国法制史”两门本科课程建设为国家精品课程、国家级精品资源共享课，法制史教研室成员获国家级教学团队称号。

中心成员主持多项国家社科基金重大、重点项目。例如，何勤华教授主持国家社科基金重大项目“法律文明史”；李秀清教授主持国家社科基金重点项目“‘中国评论’与十九世纪末西方视野中的中国法”。王立民教授、龚汝富教授、陈灵海教授、王沛教授、洪佳期副教授、茆巍副教授、董春华副教授、王海军副教授、王捷副教授、姚远讲师、徐震宇助理研究员、胡骏助理研究员、王婧助理研究员等教师分别主持国家社科基金一般项目或青年项目。

中心成员取得了多项学术荣誉。如何勤华教授荣获“中国十大杰出中青年法学家”“全国高校教学名师奖”等称号，入选“国家千百万人才工程”，现任全国外国法制史研究会会长；王立民教授曾任中国法律史学会执行会长，为全国优秀教师；徐永康教授为中国儒学与法律文化研究会会长；丁凌华教授任中国法律史学会常务理事，多次被在校学生评为“十佳教师”；李秀清教授荣获“中国十大杰出中青年法学家”称号，入选“国家千百万人才工程”“国家万人计划领军人才”，现任中国法学会比较法学研究会常务副会长；陈颐教授、冷霞副教授分任上海市法学会外国法与比较法研究会副会长；高珣副教授担任中国儒学与法律文化研究会秘书长；王沛教授任中国法律史学会法律古籍整理专业委员会副会长；于明副教授担任中国法学会比较法学研究会副秘书长。

中心研究成果丰硕，已出版个人专著、编著、译著百余部，成员在《中国社会科学》《法学研究》《历史研究》《中国法学》《中外法学》等权威期刊上发表论文数十篇，在CSSCI核心期刊上发表论文数百篇，定期出版《法律史研究》《外国法制史研究》《出土文献与法律史研究》等多种学术年刊，本中心成功举办了多届全国外国法制史研究会年会、中国儒学与法律文化研究会年会、出土文献与法律史研究系列会议等全国性学术会议，定期举办各种学术交流活动。

本中心将在已有基础上继续努力，再推出一批新的学术成果，继续大力推动法律史学的学术研究和交流，整合、凝聚各方法律史研究力量，提升法律史学研究的水平，为建设社会主义法治国家服务。